Klaus Hansen · Calcio parlato

Autor

Klaus Hansen, geboren in der Schneeeifel und aufgewachsen im Kohlenpott, geht zwischen den Spielen seines Vereins einer Professur für Politik und Kommunikation nach. Seit seinem 9. Lebensjahr hängt sein Herz am Deutschen Vizemeister von 1964.
Zahlreiche fußballliterarische Veröffentlichungen, zuletzt: *Das Leben ist kein Heimspiel,* Mönchengladbach 2006.

Klaus Hansen

Calcio parlato

Geschichten, die der Fußball schreibt

NordPark

Bibliografische Information der Deutschen Nationalbibliothek
Die Deutsche Nationalbibliothek verzeichnet diese Publikation in der Deutschen Nationalbibliografie; detaillierte bibliografische Daten sind im Internet über http://dnb.d-nb.de abrufbar.

Titelbild:
Mannschaftsaufstellungen des WM-Finales 1954

Originalausgabe
2010

Umschlagillustration und -gestaltung:
MCG, Luzern, Berlin
Nach einer Idee von Klaus Hansen

Gesetzt in der Minion
Herstellung: Books on Demand GmbH,
Norderstedt
Printed in Germany
ISBN 978-3-935421-62-1

NordPark Verlag · Klingelholl 53 · D 42281 Wuppertal
www.nordpark-verlag.de

Inhalt

»Ich sag mal einfach: Das Geheimnis des Fußballs ist ja der Ball!« (Uwe Seeler)

Ist es denkbar, dass ein Tennis- oder Basketballspieler, Handball- oder Wasserballspieler, Golf- oder Baseballspieler die Antwort gibt, die Sergio Zarate, Nürnbergs Dribbelwunder zu Beginn der 90er-Jahre, gegeben hat? Um es vorweg zu sagen: Nein, das ist undenkbar. Gefragt nach der wichtigsten Erfindung der Menschheit, antwortete Zarate wider alle Erwartungen, die auf »Penicillin«, »Elektrizität« und »Achtstundentag« hinausliefen: »Der Ball.« Ist es denkbar, dass ein Athlet der vorgenannten Sportarten sein Spielgerät mit ins Bett nimmt, sei es, um bevorstehende Wettkämpfe positiv zu beeinflussen, sei es, um sich nach großartigen Siegen an zuständiger Stelle zu bedanken? Ein Boris Becker mit Tennis-, ein Nowitzki mit Basketball im Bett? Nein, undenkbar. Fußballer aber sind wiederholt dabei abgelichtet worden, wie sie mit dem »runden Leder« kuschelten, um sich für seine Gunst zu bedanken oder um diese zu buhlen. Jede Affenliebe hat auch ihre andere, ihre dunkle Seite: In Südafrika ist ein Fußball erstochen worden, weil er partout nicht ins Tor wollte.

Bei Uwe Seeler, dem Buddha des deutschen Fußballs, kommt der Satz »Das Geheimnis des Fußballs ist ja der Ball!« wohl nicht aus dem Kopf, sondern eher aus dem kugelrunden Bäuchlein. »Ich sag mal einfach«, leitet »Uns Uwe« seine Eingebung ein und entäußert dabei ein meckerndes Lachen, das uns sehr an den Dalai Lama erinnert. In Tibet hätte man den »Dicken« schon längst in Stein gehauen, auf ein Samtpodest gesetzt und mit Räucherstäbchen umgeben. Uwe Seeler weiß vielleicht gar nicht, welch fundamentale Weisheit ihn da angeflogen hat: Das Mysterium des Fußballspiels ist der Ball. Dass der »rund« ist – geschenkt. Die Rundheit des Balles ist nichts anderes als das Fehlen von Unterschieden. Aber er ist viel mehr als rund. »Der Ball ist ehrlich.« »Der Ball macht keine Kompromisse.« »Vor dem Ball sind alle gleich.« Sätze aus Fußballermund. Man nennt den Ball »die kleine Persönlichkeit«, setzt ihm gelegentlich eine güldene Krone auf, ruft ihn »König Fußball«, und Dirk Schümer heißt ihn kurz und bündig den »runden Gott«. Wohlgemerkt, der Fußball ist gemeint, nicht der Tennis-, Basket- oder Handball, obwohl auch sie rund sind und auftippen.

Alfredo di Stefano, einer der besten Spieler aller Zeiten, errichtete dem Ball, der »bola«, vor seiner Villa ein Denkmal aus Bronze. Nur zwei Worte bilden die Inschrift: »Danke, Süße«. Der wundersame Didi, neben Pelé Brasiliens Co-Regisseur bei den Weltmeisterschaften 1958 und 1962, schrieb über die süße bola: »Ich habe sie immer liebevoll behandelt. Denn wenn man nicht zärtlich zu ihr ist, dann gehorcht sie auch nicht. Manchmal, wenn sie vorüberlief, sagte ich: ›Komm, meine Kleine‹, und holte sie mir. Ich tätschelte sie mit dem Spann, mit dem Rist, und sie blieb gehorsam da.« – Eskimos sollen hundert Wörter für »Schnee« haben; Brasilianer haben immerhin dreißig für »Ball«.

Dabei handelt es sich bei diesem vielbesungenen Wesen lediglich um eine mit Luft gefüllte Kugel von gut 400 Gramm und einem Umfang von knapp 70 cm. Seine Oberfläche bestand einst aus porösem Leder und war im sonnigen Sommer leichter als im regnerischen Herbst. Heute ist jede Spur organischen Materials aus dem Ball verbannt. Er ist ein vollsynthetisches Kunststoffprodukt. Mit immer gleichbleibenden »Werten«, wie der Hersteller philosophisch tremoliert, ganz egal, ob auf nassem Rasen oder staubtrockener Asche gespielt wird. Er fliegt geradeaus, flattert nicht, springt gleichmäßig auf, Druck, Format und Gewicht bleiben unter allen witterungsbedingten Umständen konstant. Dass es mit diesem perfekten Spielgerät überhaupt noch zu Fehlpässen kommt, liegt allein an den organischen Mängelwesen, die mit untauglichen Gliedmaßen, Füße!, ihn zu domestizieren versuchen, was ein Ding der Unmöglichkeit ist. Höchst ungelenke Füße sind von Natur aus nicht in der Lage, höchst elastische Kugeln zu beherrschen. Eben darum müssen Fußballer fortlaufend den Ball beschwören, umcircen und betütteln, damit er vielleicht doch das eine oder andere Mal ihnen gehorcht und das tut, was sie wollen. Eine tiefe Demut aber bleibt: »Der Ball ist ein Faktor, wo kein Mensch überschaut.« Ein Satz wie aus einem niederbayrischen Rührstück von

Franz Xaver Kroetz. Wäre da nicht das schwäbische Relativpronomen »wo«. Jawohl, Jürgen Klinsmann ist es, der Sommermärchen-Onkel des deutschen Fußballs, der hier im Geiste von Buddha Uwe zu uns spricht.

»Krzynowek – die zufällige Aneinanderreihung von Buchstaben ergibt diesen Namen.« (Norbert Dickel, Stadionsprecher von Borussia Dortmund)

Sprechen ist tönendes Ausatmen. Angesichts der verwegenen Buchstabenfolge des polnischen Linksfußes Jacek K. stockt dem eingeborenen Westfalen und Stadionsprecher Norbert D. offenbar der Atem. Solch ein Konsonantendickicht vor dem ersten Vokal kennt die deutsche Sprache kaum. Norbert Dickel hält den Zungenbrecher Krzynowek (»Kschünnoweck«) für ein Produkt aus dem Zufallsgenerator. Das ist leidlich originell, und Dickel darf sich den Witz auch erlauben, denn die Beschäftigung mit der Phonetik einer westslawischen Sprache gehört nicht zu seinem Job.

Spielernamen stellen immer eine besondere Herausforderung für die vermittelnden Berufe dar, für die Ansager im Stadion, für die Hörfunk- und Fernsehreporter auf der Pressetribüne. Künstlernamen würden vieles einfacher machen, aber sie sind im deutschen Fußball unüblich. Wie schlicht, wie kindlich lautet eine der besten Sturmreihen aller Zeiten: Didi – Vava – Pele, Brasilien 1958. Kosenamen sind inzwischen aus der Mode gekommen, Kiki, Fiffi, Buffi. Bleibt also in aller Regel – Brasilianer ausgenommen – der bürgerliche Hausname. Keine leichte Angelegenheit für die wörterverbrauchende Branche, da manche Bundesligamannschaft schon mit 11 Spielern aus 12 Ländern aufgelaufen ist – insofern man noch einen gebürtigen Jugoslawen in seinen Reihe hatte, der inzwischen Kroate oder Bosniak geworden war. Da sind Zungenbrecher an der Tagesordnung. »Ohne den Buchstaben O«, analysiert Marcel Reif in seiner scheinschlauen Art, »wäre sein Name unaussprechlich.« Prüfen wir selbst: Slmn Krnkw. Wo er recht hat, hat er recht, der Schlaumeier. Gemeint war der junge Berliner Hertha-Fußballer Solomon Okoronkwo. Kein Fußballer der Welt hat mehr Os im Namen als er.

Zum Kader des MSV Duisburg gehörte in den frühen 80er Jahren ein australischer Nationalspieler jugoslawischer Herkunft, der sich Krncevic schrieb, Eddie Krncevic. Einzig Stadionsprecher Günter Stork, der sein Hand- bzw. Mundwerk noch im Krieg beim Soldatensender »Radio Belgrad« gelernt hatte, zeigte sich hellauf begeistert. Er war der einzige Mensch in Duisburg-Wedau und Umgebung, der den Namen problemlos aussprechen konnte, eine Kunst, die der Balkan-Experte nun aber auch allen zeigen wollte. Leider fehlte es Krncevic an Form, so dass er nicht oft spielte und zumeist die Reservebank drückte. Also gab Günter Stork nicht nur die Mannschaftsaufstellung mit gewohnt markantem Kriegsreporter-Pathos bekannt, sondern rief mit gleichem Tremolo die Ersatzspieler der Reihe nach auf, was bis dahin in deutschen Stadien nicht üblich war. Allein der Ehrgeiz, das Wort Krncevic mit besserwisserischen Zischlauten, »Knetschewitsch«, im weiten Stadionrund zu Gehör zu bringen und dafür Sonderbeifall von den Stehplätzen zu erhalten, hatte ihn zu dieser Neuerung veranlasst, die heute gang und gäbe ist.

Heute wünscht man sich manchmal den Ehrgeiz eines Günter Stork zurück. Wie nachlässig das moderne Fußballgeschäft mit Spielernamen umgeht, hat Rainer Calmund wiederholt demonstriert. Einer wie er, dem das Wort Cevapcici gewiss locker über die Genusslippen kommt, redet so jovial wie volksdümmlich von Hasso Dingelskirchen, weil ihm der Name Hasan Salihamidzic offensichtlich zu mühsam erscheint. – Sprachfaule Socke, dieser dampfplaudernde Meatloaf!

»Ostermaier hat's derwischt« (Mehmet Scholl)

»Einsam stand der Dichter im Tor,
doch der Schiedsrichter pfiff: Abseits.«
(Günter Grass)

Der aus Oberbayern stammende Ostermaier befindet sich im fünften Lebensjahrzehnt und ist Dichter von Beruf. Auch ehrenamtlich ist Albert Ostermaier aktiv. Er hütet das Tor in der Fußballnationalmannschaft der deutschen Literaten. Das scheint seinen Gedichten nicht gut zu bekommen. Eines seiner jüngeren literarischen Werke ist die »Ode an Scholl«, ein lyrischer Dankgottesdienst für den Fußballspieler Mehmet Scholl. Mit 36 Jahren und den nicht ganz unpopulären Worten »Ich bin jetzt mal weg« hat »Scholli«, der badisch-anatolische Windhund unter den völkischen Ecken und Kanten, am 19. Mai 2007 Abschied vom bezahlten Fußball genommen. Tags darauf dichtete Albert Ostermaier im Feuilleton der Süddeutschen Zeitung:

»unter seinen stollen werden
die grasnarben zu plattenrillen
was er spielt ist musik«

Als Torwart einer Schriftsteller-Elf, trainiert vom Meyer Hans, dem Polter-Ossi mit Tourette-Syndrom, hat man viel, vielleicht allzu viel um die Ohren. Nicht immer sind es die besten Einflüsse, denen man dabei ausgesetzt ist. Das wusste schon der große Endzeit-Dichter Rainer M. Rilke, der über den Mann zwischen den Pfosten dichtete:

> »Sein Blick ist vom Vorüberziehn der Bälle
> So blind geworden, dass er nichts mehr sieht.«

Aber nicht nur sein Auge, auch Ostermaiers zerebrales Vermögen scheint erheblich gelitten zu haben, denn so schreibt er weiter über Scholl:

> »er trifft in den winkel der netzhaut«

»Warum trifft der Blödmann das Tor nicht?«, hatte wiederholt sein fuchshaariger Trainer Seppo Eichkorn geklagt, der einst über den Sozialdienst konfessionsloser Männer, besser als FC St. Pauli bekannt, ins Trainergeschäft gekommen war. Aber Ostermaier fährt unbeeindruckt fort:

> »mit seinen versfüßen
> schreibt er auf den rasen ein gedicht«

Das macht nur ein äußerst unprofessioneller Spieler, der nicht weiß, dass er damit um seine Auswechslung bettelt, kommentiert Experte Netzer. Außerdem, ergänzt Experte Calmund, scheint er keinen blassen Schimmer von der Rache des jähzornigen Platzwarts zu besitzen. Aber das sind Bedenken, die Albert Ostermaier nicht mehr erreichen:

> »er steht
> abseits ohne im abseits
> zu stehen«

Warum so heribertfaßbenderisch, warum so kompliziert, wenn es auch einfacher geht: »passives Abseits«, nichts anderes ist gemeint. – Ja, probieren's nur, gnä' Fraa, die Sie schon durch das einfache Offside an Ihre intellektuelle Obergrenze geführt werden!

»er schlägt pässe in die laufwege des glücks«

Im Kommentar des Trainers hört es sich anders an: »Auf gut Glück drosch er die Bälle nach vorne und betete zum Himmel, dass der unermüdliche Elber noch vor der Torauslinie zur Stelle sei, was oft genug volle Kacke in die Hose ging.«

Wenn Dichter sich ins Tor stellen, gehen sie ein hohes Risiko ein. Gerade der Torhüter läuft mehr als jeder andere Spieler Gefahr, sich um den Verstand zu spielen. Rainer M. Rilke hat das bereits 1902 hellsichtig erkannt. In seinem Gedicht »Der Panther« – ein Kosename, der seither gerne für den Posten zwischen den Pfosten genommen wird – schreibt der Meister:

»Die Stirn ist schon vom Stets-ins-Leere-Fliegen,
Vom Aufprall, wenn sie an den Pfosten kracht,
Vom Wund-und-blutig-am-Elfmeter-Liegen
Unnennbar fliehend und sehr abgeflacht.«

Albert Ostermaier scheint es also erwischt zu haben. Er, der einst Anlass zu den schönsten literarischen Hoffnungen gab, hat sein Talent der rüden Fußlümmelei geopfert, die ihre Kombattanten mit dem gewaltverherrlichenden

Schlachtruf »Gut Tritt!« ins Gefecht schickt. Möge wiederum Rainer M. Rilke ihn trösten:

> »Wer spricht vom Siegen?
> Überstehn ist alles.«

Mit seiner »Ode an Scholl« ist es Ostermaier immerhin gelungen, den in die Jahre gekommenen Spieler zur Revision einer nicht unumstrittenen Äußerung zu bewegen. »Hängt die Grünen auf, solange es noch Bäume gibt!« war Jung-Mehmets jungtürkenhafte Antwort anfangs der neunziger Jahre, als man ihn nach seinen gesellschaftspolitischen Vorstellungen gefragt hatte. Heute, so hören wir aus München, möchte Alt-Mehmet, der inzwischen eine Photovoltaikanlage auf dem Dach seiner Grünwalder Villa besitzt, den Anlass des Ostermaierschen Gedichts nutzen, um »die Grünen« zu streichen und durch »die Dichter« zu ersetzen.

Bravo, Mehmet, dazugelernt!

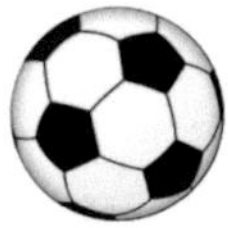

»Nein, das kann er nicht! Ein Mann, der Bremser heißt, kann nicht Gas geben!« (Werner Hansch, WDR, über Mittelfeldspieler Dirk Bremser)

»Nomen est omen«, zu deutsch: Der Name ist Programm. Ein Torhüter namens Wächter wird dem zustimmen. Ebenso Derbfuß, der Verteidiger. Auch Hammerschlag, unser Mann im defensiven Mittelfeld, macht seinem Namen alle Ehre. Und Bum-Bum (Kun Cha), der Knipser im Sturm, sowieso. Die Genannten spielten oder spielen im Berufsfußball.

Aber auch Olaidotter, Tattermusch und Schlotterbeck waren Fußballprofis. Freilich galt für sie nicht das Motto »nomen est omen«. Sie segelten unter der Flagge »Namen sind Schall und Rauch«. So legt sich jeder seine eigene Philosophie zurecht. »Schlotterbeck!«, rief an einem eiskalten Januartag der Radio-Reporter ins Mikrophon, »bei diesen Temperaturen trägt er seinen Namen zu recht!« Wer Schlotterbeck heißt, braucht für den Spott nicht zu sorgen.

Dann wiederum kennen wir Fußballer, die allein dank ihres Namen größere Popularität erlangt haben als durch ihr fußballerisches Können. Gewiss gehört der 6-malige Nationalspieler Franco Foda dazu. Beim Länderspiel 1987 in Brasilia brach das Stadion in lauthalses Lachen aus, als die Einwechselung von Franco Foda für Michael Frontzeck bekannt gegeben wurde. Der Spieler konnte sich den Heiterkeitserfolg in der südamerikanischen Fremde nicht erklären. Bis man ihn aufklärte. Sein Name bedeutet in vulgär-portugiesischer Übersetzung: Ficken umsonst.

Ob es Namen gibt, die einer Fußballer-Karriere im Wege stehen, vielleicht sogar unmöglich machen? Gut vorstellbar, dass ein junger Mann namens Schwuchtel – erschwerend möchten wir hinzufügen: Detlef Schwuchtel – große Probleme hätte. Bekannt ist, dass deutsche Fußballer nichts mehr fürchten als den Verdacht, schwul zu sein. Das führt zu einem mitunter kuriosen Vermeidungsverhalten. »Es ist mir gelungen«, rühmte sich der Trainer des Bezirksligisten TV Nieder-Ramstadt, »aus älteren und jüngeren Spielern eine monogame Einheit zu bilden.« Das Wort »homogen« hätte er nicht über seine schmalen Lippen gebracht. Vermutlich hätte es ein Detlef Schwuchtel, egal wie gut er am Ball ist, verdammt schwer, aufgestellt zu werden.

Wenn Thomas Manns Lieblingshund Bauschan seinen Namen hörte, geriet sein ganzes Wesen in Verzückung. Er begann sich um sich selber zu drehen, wild mit dem Schwanz zu wedeln und jubelnd gen Himmel zu bellen. Bauschan war der Laut, der ihn unter allen Lauten am meisten anging, weil er ihn allein und niemand anderen bezeichnete. Das Wort Bauschan versetzte das Tier in »eine Art Identitätsrausch«, schreibt Thomas Mann in seiner Erzählung »Herr und Hund«.

Bei Menschen ist das nicht anders. Kein Laut geht mich mehr an als der Klang meines Namens. Darum ist es gemein und böse, wenn mein Name absichtlich verunstaltet wird. Aus der Politik wissen wir, dass tadellose Bundestagsabgeordnete namens Todenhöfer und Wohlrabe vom politischen Gegner Hodentöter und Übelkrähe gerufen wurden. Im Fußball kennen wir das auch. Da wird ein Emmerling (Wattenscheid 09) schnell zum Engerling – »wegen seiner unterirdisch schlechten Spielweise«, wie Reporter Werner Hansch erläutert. Hansch liebt es, die Namen der Akteure ins Lächerliche zu ziehen: »Schütterle, Schütterle! Bleib unerschütterlich und widersteh! Aber kaum taucht am Horizont ein Gegenspieler auf, liegt der Schütterle auch schon flach.« Rufmord ist das nicht, aber das ungute Gefühl bleibt zurück, hier mache sich einer mit Hilfe des Lautes, der mich von allen Lauten am meisten angeht, einen billigen Spaß.

Erfrischend witzig dagegen ist die Verballhornung der Vereinsnamen in der Bunten Liga unserer Freizeitkicker. Da kämpfen Juventus Urin und Hinter Mailand gegen den Abstieg, während es ganz vorne zwischen Dynamo Tresen und Graskloppers Zülpich um den Titel geht. Das verletzt niemanden, und alle erfreuen sich am Einfallsreichtum der Klangkünstler.

»Heute wollen wir den Zuschauern eine Exhibition bieten!« (Erich Rutemöller, DFB-Nachwuchstrainer)

Trainer Rutemöller verspricht uns viel. Viel mehr als wir normalerweise erwarten dürfen, wenn wir zum Fußball gehen und auf ein gutes Spiel hoffen. Viel mehr auch als austrainierte, hochmotivierte und laktatzertifizierte Jungprofis im allgemeinen zu zeigen bereit sind. Aber Rutemöller hat ja Recht. Der saftig grüne Naturrasen unter wolkenfreiem Himmel, umgeben von vierzigtausend erwartungsgeilen Voyeuren, ist sicherlich ein idealer Ort für Exhibitionisten der Extraklasse. Niemand unter den Stadionbesuchern hätte etwas dagegen, wenn Erichs prachtvolle U-Einundzwanzig ihre elf unverbrauchten Gemächte ungeniert zur Schau stellen würde. Und nicht nur Rutemöller allein, andere Fußballlehrer sehen es genauso. Selbst der Trainer mit dem Messdienerblick, Lorenz Günter Köstner, fordert seit langem, dass seine Spieler, sobald sie den Platz betreten, »die Hosen runter lassen und ihr wahres Gesicht zeigen« sollen. Das ist auch in anderer Hinsicht eine tolle Idee. Vielleicht kämen dann »endlich einmal mehr Frauen in unsere Stadien«, hofft Günter Netzer, der linksrheinische Dreiwettertaft-Gigolo. Im Fußball tut man immer noch viel zu wenig für unsere besseren Hälften. Mit der blöden Abseitsregel schrecken wir sie doch nur ab, meint auch Netzer. »Aber womit locken wir unsere Schneckchen eigentlich an?«, fragt der besorgte Matthäus. Bestimmt nicht damit, dass wir die unselige A-Regel noch kuddelmuddeliger machen, indem wir die Unterscheidung zwischen aktiver und passiver Abseitsstellung einführen, so dass selbst der Schiri nicht mehr weiß, was los ist! Am besten wäre es, Erich Rutemöller täte sich mit seinem Kumpel Sammer zusammen, dem sächsischen Feuerkopf, der seine allzu braven Profis über die kicker-Donnerstagsausgabe wissen ließ: »Ich will Spieler, die auf dem Platz die Rute rausholen.« Rute und Rutemöller, das passt! Und den Jara Kurt aus Tirol, den einstigen Alpen-Zico, sollten die beiden auch noch mit ins Boot nehmen. »Wir müssen jetzt endlich den Arsch hochkriegen und Eier zeigen«, hat Jara gefordert, nach dem blamablen Nullzuzwei seines HSV gegen die alte Dame Hertha. Das wäre alles in allem ein rundes Programm: Hose runter, Rute raus, Eier zeigen. »Erich«, so möchten wir Rutemöller in Erinnerung an alte Otze-Zeiten zurufen, » mach'et!«

Vielleicht noch ein Wort zu den unter Fußballern äußerst beliebten Testikeln, vulgo: Eier. Als Torhüterschönling Gianluigi Buffon zu Juventus Turin kam, beanspruchte er ein Trikot mit der Nummer 88. Das verwunderte allgemein. Die klassische Nummer Eins mit zwei Brezeln auf dem Rücken? Die 88 symbolisiere den »richtigen Mann«, das heißt den »ganzen Kerl«, argumentierte Buffon. Unter deutschen Neonazis, das wissen wir seit langem, ersetzt die »88« den gesetzlich verbotenen Hitlergruß. Der achte Buchstabe im Alphabet ist das H, und zweimal H ergibt »Heil Hitler«. Aber Buffon ist kein Fascho. Buffon ist ein Macho. Der richtige Mann respektive ganze Kerl, so der schöne Gigi, habe nicht nur zwei, sondern vier Eier in der

Hose, »genau die vier Eier, aus denen die doppelte Acht besteht.« – Das ist Exhibitionismus, ohne sich nackig zu machen!

»Die Eintracht, die werd' ich noch für Jahre haben, aber was hab' ich denn von einer Frau?!« (Ingo, 27, Eintracht Frankfurt-Fan und Allesfahrer)

»Allesfahrer« sind Fußballanhänger, die, anders als »Heimschläfer«, ihre Mannschaft auch bei Auswärtsspielen unterstützen. Allesfahrer sind überall dabei, auch beim Trainingslager in Florida, wo sich ihre Mannschaft die nötige Bräune für die neue Saison holt. Allesfahrer Ingo wurde gefragt, ob er eine Frau oder Freundin habe. Daraufhin gab er die verblüffende Antwort: »Die Eintracht, die werd' ich noch für Jahre haben, aber was hab' ich denn von einer Frau?!« Viktor, 47, ist »Bluna-Mann« in Hamburg, er liefert Getränke aus. Viktor könnte Ingos Satz ohne Wenn und Aber unterschreiben, obwohl er Familie hat. Leider ist seine Frau vor kurzem an Herzversagen gestorben. An Stelle der »Eintracht« würde Viktor »St. Pauli« setzen. Alles was in seinem Leben zählt, hat sich im Stadion am Millerntor abgespielt. Dort lernte er seine Frau kennen; sie war Hundeführerin im Ordnungsdienst. Dort erfuhr er über den Stadionlautsprecher von der Geburt seines Sohnes Jens, ein »propperer Achtpfünder«, wie der Ansager formulierte und ihm gratulierte. Im Stadion erreichte ihn auch die Nachricht vom plötzlichen Tod seiner Frau. »Immerhin«, kommentiert Viktor die traurige Meldung, »haben wir uns an diesem Tag 1:1 von Bayern München in Bestbesetzung getrennt.«

Nun könnte man Ingo und Viktor für »mehr praktisch begabt« halten, wie man heutzutage vorsichtshalber geistig anspruchslose Zeitgenossen nennt, um nicht von »Blödmännern« und »Dumpfbacken« juristisch belangt zu werden. Aber das wäre falsch und überheblich. Nick Hornby, Salman Rushdie und Javier Marias sind weltberühmte Schriftsteller und gewiss hochintellektuelle Köpfe, und doch bewegen auch sie sich auf dem Niveau von Ingo und Viktor, wenn es um Fußball geht. Fußball macht auf eine angenehme Weise alle gleich blöd. In seinem Roman »Fever Pitch« bekennt Hornby, dass seine Liebe zu Arsenal London ihn in einen Menschen verwandelt habe, »der nicht Hilfe leisten würde, wenn die Wehen seiner Freundin in einem unpassenden Moment einsetzten; ich habe mich oft gefragt, was passieren würde, wenn die Geburt meines Sohnes an einem Tag anstünde, an dem Arsenal im Pokalfinale steht...« Wir Leser wissen, wie sich Hornby entscheiden würde, für das Wembley-Stadion und gegen den Kreißsaal. Salman Rushdie steht Nick Hornby nicht nach, wenn er seine nunmehr über 40-jährige Liebe zu Tottenham Hotspur bekennt: »Fußball verlangt Monogamie, bis dass der Tod uns scheidet.« Real Madrid-Fan (und also Barcelona-bis-auf-den-Tod-Hasser) Javier Marias stimmt begeistert seinem Autorenkollegen Vázquez Montalbán zu, der geschrieben hat: » Wir Menschen wechseln heutzutage alles bis auf eines. Wir wechseln die Weltanschauung, die Religion, die Ehefrau oder den Ehemann, die Arbeit, die Partei, das Haus, die Gewohnheiten, die Hobbys, alles unterliegt einem zum Teil sogar mehrfachen Wandel. Das einzige, wo wir keine Veränderungen zulassen, ist der Fußballverein, zu dem man von Kindesbeinen an hält.« Christoph Biermann befindet sich also in guter Gesellschaft, wenn er seinem Buch den Titel gibt: »Wenn du am Spieltag beerdigt wirst, kann ich leider nicht kommen«. Bill Shankly hat die Begründung geliefert: »Im Fußball geht es nicht um Leben und Tod. Im Fußball geht es um ernsthafte Dinge.«

In der Welt der Fußballfreunde sind die Prioritäten beneidenswert klar und stabil verteilt. Auch Eintracht-Ingo, der Allesfahrer, ist ja kein Frauenfeind. Er hätte gewiss nichts gegen eine Freundin einzuwenden, fände er nur eine, die emanzipiert genug wäre, um nichts mehr zu begehren, als die Nummer zwei zu sein. Aber solche Emanzen kommen im Buch Emma nicht vor.

»Der Jürgen und ich, wir sind ein gutes Trio!« (Fritz Walter, VfB Stuttgart, in seiner Zeit mit Jürgen Klinsmann)

Sage noch einer, Fußballer könnten nicht bis drei zählen! Das Zitat ist verbürgt, 1988 war's, und noch heute wird es breitgetreten. Jahre später fühlte sich ein Spaßvogel bemüßigt, die Aussage zu erweitern: »Der Jürgen und ich, wir sind ein gutes Trio -äh, Quartett!« Als ob wir Leser Nachhilfe bräuchten, um zu erkennen, worüber wir bitte sehr lachen sollen. Vermeintliche Fremdwortschwächen sind nicht nur unter Fußballprofis verbreitet. Kommt ein Professor ins Blumengeschäft, möchte »einen Strauß Gladiatoren« kaufen. »Sie meinen wohl Gladiolen«, entgegnet die Floristin. »Aber ja doch«, schlägt sich der Proff an den Kopf, »das andere sind ja Heizkörper!« Mit Hochschullehrern legt man sich ungern an. Sie könnten ja zurückschlagen. Aber Fußballer! Auf diese intellektuellen Windbeutel lässt sich nach Herzenslust draufhauen. Stimmt Andy Brehme dem journalistischen Fragensteller zu, sagt er: »Ich gehe mit Ihnen chloroform«. Hat Olaf Thon seinen Gegenspieler brutal aus den Schuhen getreten, beteuert er: »Ich habe ihn doch kaum retuschiert!«. Während sein Opfer treuherzig berichtet, im Hospital habe man ihm »eine Invasion gelegt«. Ha-ha-ha, selten so gelacht. Dabei führen uns die cleveren Profis nur an der Nase herum. Sie bauen bewusst Fehler in ihre Aussagen ein, damit die Öffentlichkeit lästern kann und die Spieler auch zwischen den Spielen im Gespräch bleiben. Unsere Kicker sind echte PR-Profis. Sie wissen, wie wichtig es ist, dass permanent über einen geredet wird, ob gut oder schlecht, das ist schnurzpiepegal.

An Mario Basler lässt sich die Chronik einer strategisch angekündigten Fehlleistung besonders schön studieren. Als er noch bei Werder Bremen spielte und die Spatzen seinen Wechsel zu Bayern München von den Dächern pfiffen, bat Basler zu einer Pressekonferenz. Den angesprochenen Journalisten versprach er augenzwinkernd ein »sprachliches Schmankerl«. »Noch spiele ich bei Werder Bremen und die Laufzeit meines Vertrages beträgt noch ein Jahr. Sollte ich dann den Verein verlassen, so besitzt der FC Bayern München eine Voranwartschaft auf meine Verpflichtung, so viel kann ich bereits heute verraten.« Das war die Botschaft, die Mario Basler der fürwitzigen Journaille mitzuteilen hatte. Natürlich nicht in dieser Langatmigkeit, sondern kurz und prägnant, was bekanntlich am besten geht, indem man den entsprechenden Fachausdruck einsetzt. Also sprach Mario Basler: »Der FC Bayern hat eine Obduktion auf mich.« Ein Stöhnen ging durchs Land. Dieser Basler! Hat einen IQ unterhalb der Zimmertemperatur! Was für'n Doofkopp!

Aber jetzt mal Hand aufs Herz. Sie kennen doch bestimmt auch Leute, die statt »c'est la vie« immer »Tel Aviv« sagen, oder? Welcher abgezockte Vollprofi sagt denn heute noch »Alles okay?« Wenn sich die Jungs treffen und nach dem Befinden erkundigen, ist »Eishockey?« angesagt, jawohl »Eishockey«. Ein schnell dahingesprochenes »Alles okay« klingt nicht anders. Ich kenne viele Leute, die sagen zum Beispiel nie »zum Beispiel«, die sagen immer »zum Bleistift« und »bleistiftsnase« statt »beispielsweise«, aber doch nicht, weil ihnen »zum Beispiel« fremd ist, sondern weil sie ihren Spaß haben wollen und darum gerne mit dem Klangkörper der Wörter spielen. Und genauso verhält es sich mit Super-Mario, der ein Spaßvogel vor dem Herrn ist, wie wir alle wissen. Kein Mensch, der etwas Spaß haben will, benutzt heute noch das Wort »hochstilisieren«, alle sagen sie »hochsterilisieren«. Weiß man noch, wer der Wortschöpfer war, wer das Wort in einer Laune des Augenblicks aufgebracht hat? Ein Fußballer, natürlich. Und zwar ganz umsonst, jawohl: gratis! In der Kreativbranche hätte der gute Bruno Labbadia damit ein Vermögen verdienen können. Aber daran denken unsere Profis nicht. Sie sind es gewohnt, ihr Geld mit ehrlicher Arbeit zu verdienen. Und ihre vermeintlichen Versprecher, das sind nur Brosamen für die schlichtgeistige Presse.

»Wer den Schiedsrichter beschimpft oder beleidigt, muss mit der Verweisung vom Sportplatz rechnen.« (Hinweisschild auf dem Sportplatz in Nettersheim, Eifel)

Wenn unter lauter Parteigängern der einzige Unparteiische ein klares Handspiel im linken Strafraum übersieht und eine Schwalbe im rechten Strafraum mit einem Elfmeter belohnt, dann ist es geradezu zwangsläufig, dass er eine geballte Ladung Schimpf und Schande auf sich zieht. Würde dem Fußballspiel die Fehlbarkeit des Schiedsrichters genommen, wäre es nur noch halb so interessant für uns Zuschauer. Wohin mit unserer über die Woche angesammelten Boshaftigkeit und Niedertracht? Wohin mit unserer schweinischen Beleidigungsgier (»Schwarze Sau!«)? Wohin mit den infamen Korruptionsverdächten (»Schieber! Schieber!«)? Wohin mit unseren als River-Kwai-Lied vorgetragenen Rachegelüsten (»Schiri, wir wissen, wo dein Auto stand – hat gut gebrannt, hat gut gebrannt!«)? Wohin mit dem Häme-Bedürfnis unserer Presse, auch der mit dem klugen Kopf dahinter (»der Mann in Schwarz spielte sich als bestatterfarbener Wichtigtuer auf«)? Bestimmt wäre der »Arschbackenzeisig« noch heute ornithologisch unbekannt, wenn nicht ein Essener Rot-Weiß-Fan ihn aus lauter Verzweiflung über die Blindheit des Mannes an der Pfeife plötzlich entdeckt und im rauen Ruhrpott-Slang intoniert hätte: »Du alten Arschbackenzeisig!« Ein sprachliches Kleinod unter den Schiedsrichterschmähungen, auf einer Stufe mit »Elendiger Halbdackel!«, wie im

Stuttgarter Neckarstadion vernommen. Zu unserem rezeptiven Wohlgefallen am Fußballspiel gehört die psychohygienisch wichtige Schiedsrichterschelte unbedingt dazu. Sie entschlackt uns temporär von aller Niedertracht, so dass wir als bessere Menschen in den Alltag zurückkehren. »Beleidigt den Schiedsrichter, beschimpft und verhöhnt ihn«, so interpretieren wir, gegen den Strich lesend und Sigmund Freud folgend, den Warnhinweis von Nettersheim, »das ist im Eintrittsgeld inbegriffen!« Und ist unser kleiner Nettersheimer Beitrag zum Frieden auf Erden. Wer hingegen Unfrieden will, führe den »Videobeweis« ein!

Schiris haben es schwer. Wir lesen es jeden Tag in der Zeitung. Leider machen sie es sich aber auch selber schwer. Doch davon hört man wenig. Es gibt Regelhüter, die ihr promillefreundliches Lebensmotto »Was du heute kannst entkorken, das verschiebe nicht auf morgen« bis unmittelbar vor Spielbeginn beherzigen und anschließend der »Trunkenheit an der Pfeife« (DFB-Jargon) überführt werden. Es gibt Pfeifenmänner, die in der Respekts- und Anstandswahrung auf dem Spielfeld unkonventionelle Wege gehen. Torwart Stein zu Schiri Ahlenfelder (Oberhausen): »Du Arschloch!« Ahlenfelder: »Sie Arschloch, bitte schön.« Stein: »Sie Arschloch!« Ahlenfelder: »In Ordnung« Auch steht manchen Unparteiischen nicht immer die deutsche Grammatik hilfreich zur Seite, wie der berühmt gewordene Dialog mit »Ente« Lippens belegt: »Ich verwarne Ihnen!«, sagte hochmütig der Schwarzkittel. »Ich danke Sie«, entgegnete schlagfertig die Ente. Und dann haben wir da neuerdings noch die Hoyzers. Wir erschrecken ja vor uns selbst, wenn unsere »Schieber! Schieber!«-Rufe plötzlich wahr werden und sich herausstellt, dass »Schummel-Schiri« Robert Hoyzer Fußballspiele gegen Bares aus Glücksspieltöpfen manipuliert hat. Schnell war der Neologismus »hoyzern« (für betrügen) im Umlauf und machte Karriere. Bei der Wahl für das »Wort des Jahres« 2005 kam »hoyzern« auf den 7. Platz, nicht weit hinter »Bundeskanzlerin«. Auch im Katalog der Schiedsrichterbeleidungen erhielt das Wort umgehend einen hohen Stellenwert. Der Schweizer Fußballverband beschloss, dass Spieler, die Schiedsrichter nach fragwürdigen Entscheidungen als »Hoyzer« titulieren, mit der Roten Karte zu bestrafen sind. Um gleich ein Hintertürchen anzubieten: »Spieler, die ›Toto‹ und ›Lotto‹ rufen, werden dagegen nicht des Feldes verwiesen.«

»Fanmeile ist das Wort des Jahres.« (Gesellschaft für deutsche Sprache)

Fußballsprache ist in aller Munde. Auf der Liste der Wörter des WM-Jahres 2006, auserwählt von der Gesellschaft für deutsche Sprache, finden sich gleich drei von insgesamt zehn, die mit Fußball zu tun haben. Siegerin ist also »Fanmeile«, weiter hinten folgen »Klinsmänner« und »Schwarz-rot-geil«. Leider ist die großartigste semantische Neugeburt des WM-Jahres nicht dabei, obwohl sie auf der »Fanmeile« und unter lauten »Schwarz-rot-geil«-Rufen zur Welt gekommen ist. Gemeint ist die glückliche Vereinigung der Lust auf Party mit der Liebe zur Patria. »Party machen« scheint überhaupt eines der Hauptwörter unserer Zeit zu sein. Kein Arbeitstag mehr ohne »After-Work-Party«, bei der du den Stress abschütteln und die Zügel schleifen lassen kannst. So unbändig die Lust auf Party einerseits, so gefühlsarm andererseits die Liebe zur Patria. Patriotismus war in Deutschland über viele Jahre allenfalls als papierener »Verfassungspatriotismus« noch legitim. Im Sommer 2006 fanden nun Party und Patria zu einer vitalen Einheit zusammen, und das allein dank des Fußballspiels. »Partyotismus« lautet die semantische Sensation: weltumarmende Feierlaune mit Deutschlandfähnchen im Haar und viel Bier im Bauch. »Partyotismus« ist der treffende Begriff für den post-nationalen Patriotismus einer multikulturellen Erlebnisgesellschaft. Wir alle sind Partyoten und keine Patrioten, großartig!

Nun hat es aber die Fanmeile getroffen, nicht den Partyotismus. Fanmeilen sind öffentliche Straßen und Plätze mit Fußballübertragungen auf Großbildwänden. Dazu Speis und Trank, FIFA-Nippes und interkulturelle Rudelbildung. Da die Fanmeilen des WM-Sommers gut bewachte Orte waren, streckten sich einem unweigerlich die freundlichen Hände der Securitate entgegen, sobald man den Eingangsschleusen näher kam. Gepflegte Hände durchweg, einige in Latexhandschuhen, nackt die meisten. Sie boten sich an, uns zu berühren, ja mehr noch, sie betasteten uns. Kein grobes Grapschen, nein, behutsames Abklopfen, zartes Reiben, einfühlsames Knuffen, von oben nach unten und zurück, auch zwischen den Beinen. Die Identifizierung eines Schlüsselbundes in der Hosentasche geriet zu einer Lymphmassage in der Leistengegend. Alles kostenlos! Unvermeidlich, dass es dabei zu erotischen Regungen kam, die jedoch als patriotische Gesten gedeutet und dem Symptomträger hoch angerechnet wurden, so dass keinerlei Peinlichkeit entstand. Manchen Körperteilen brauchte man gar nicht erst zuzurufen: »Steh auf, wenn du Deutscher bist!« Sie taten es von ganz allein. Bei der einen richteten sich die Härchen auf den Unterarmen auf; dem anderen stand anderes. Eine großartige Zeit für Alleinstehende und Kontaktarme! Viele Menschen konnte man beobachten, die, kaum dass sie die freundlichen Zugangskontrollen zur Fanmeile passiert hatten, sofort dem Ausgang zustrebten, um sich erneut in die Schlange vor dem Einlass einzureihen.

Die Fanmeile als erotische Gratisknautschzone für unterschiedslos alle, das war der eigentliche Ort des deutschen Sommermärchens 2006. Ob die Juroren sich dessen bewusst waren, als sie »Fanmeile« zum Wort des Jahres kürten?

»Christoph Daum ist ein großer Selbstdarsteller mit einem außergewöhnlichen Hang zum Größenwahn.« (Uli Hoeneß)

Ich mag Christoph Daum. Eine kindliche Sympathie verbindet mich mit ihm. Als er 11 war und ich 15 standen wir gemeinsam in der Nordkurve des Wedau-Stadions und fieberten mit unseren Idolen. Mit »Eia« Krämer, dem feinnervigen Spielmacher, mit »Lullu« Nolden, dem eiskalten Elfmeterkönig, mit »Cassius« Manglitz, dem nach Radenkovic größten Showman im deutschen Fußball. Nicht zu vergessen »Hatte« Heidemann, der Beckenbauer den Handschlag verweigerte, weil er, wie er begründete, »grundsätzlich keinem Bazi die Hand gibt.« Christoph war noch ein naseweises Kind, während ich mich bereits als abgeklärter Jungmann fühlte. Aus Christoph ist ein Großer geworden, aus mir nur ein »Tintenpisser«, wie Otto Rehakles die schreibende Zunft genannt hat. Als ich die Fotos des Sommers 2000 sah, war ich tief erschüttert. Der designierte Bundestrainer Daum, der seinen Kokainkonsum hoch und heilig abstritt, sah aus wie Uwe Barschel bei seiner fatalen Ehrenwort-Erklärung, 1987. Mensch, Christoph!

Kurz zuvor noch, im Zenit seines Ansehens, hatte Daum allerlei merkwürdiges Zeug erzählt. Aber da es von Daum kam, druckte es auch die Intelligenzpresse. Züge zum Größenwahn, von dem Hoeneß heute spricht, waren schon damals erkennbar, eines speziellen Größenwahns, der seine Überlegenheit aus der Teilhabe an einem esoterischem

Wissen ableitet, zu dem nur Auserwählte Zutritt haben. Daum umgab sich mit Gurus wie dem »Motivationstrainer« Emil Ratelband, der später im Unterschichtenfernsehen als »Tsjakka, Tsjakka – du schaffst es!« brüllender TV-Primat berühmt wurde. Christoph Daum entblödete sich nicht, der Wochenzeitung »Die Zeit« zu gestehen, aus Indianerbüchern viel gelernt zu haben. Zum Beispiel, dass ein echter Indianer erst dann sein Urteil über einen fremden Menschen fälle, nachdem er einen ganzen Tag lang seine Mokassins getragen habe. Wir Freunde des einfachen Spiels, die wir das lesen mussten, machten daraus unsere eigenen Geschichten. Zum Beispiel diese hier: Als Daum einmal mit Ballack, dem jungen Neuzugang vom Betzenberg, nicht zurecht kam und drauf und dran war, das Talent als Fehleinkauf auf die Tribüne zu verbannen, entwendete er heimlich die Lieblingsschuhe des Spielers aus der Umkleidekabine. Einen lieben langen Tag lief Daum in den dreigestreiften Adiletten des Neuen durch die Innenstadt von Bayer 04 Leverkusen. Danach verstanden sich die beiden prächtig, und Ballack durfte wieder spielen, von Anfang an.

Christoph Daum mochte es, wenn die Spieler ihn »Häuptling Stechender Blick« nannten. Er lernte von den Indianern auch, auf die Sprache der Erde zu achten. »Viele Menschen wissen nicht einmal, dass die Erde sprechen kann«, gab Daum den »Zeit«-Redakteuren zu verstehen. Auch sein Sohn gehöre zu den Ahnungslosen, gestand der traurige Vater. Wir Leser machten uns wiederum unseren eigenen Reim darauf: Als Daum seine neue Terrasse vor den Toren von Bayer 04 Leverkusen pflasterte, hörte er plötzlich ein kehliges Geblubbere aus dem braunen Lehmboden dringen: »Du arrogantes Arschgesicht, was fällt dir eigentlich ein, mich hier andauernd zu steinigen! Hör jetzt auf damit!« Aufgeregt rief Daum nach seinem Sohn: »Marcel, Marcel, komm mal schnell, die Erde spricht!« Kaum war Marcel zur Stelle, spuckte er auch schon in beide Hände. Und Vater und Sohn pflasterten um die Wette, bis sie endlich das alte Lästermaul gestopft hatten.

Neben den Indianern hat es Old Knitterface Herberger dem einstmals als Däumling verspotteten Coach angetan. Sepp Herberger war ein begnadeter Motivator, zu deutsch: Heissmacher. Daum schickte sich an, ihn nach allen Regeln der Kunst zu überbieten. Während Herberger seine Spieler im kurpfälzischen Idiom anspornte: »Männer, ihr müsst brenne!«, ließ Daum sie gleich mit nackten Füßen über glühende Kohlen laufen. Der schon erwähnte Ratelband – im Fußball trüge er das Trikot mit der Nummer vier: »nicht Mensch, nicht Tier: die Nummer vier« – hatte ihm dazu geraten.

Im Nachhinein fragt man sich, wie schlimm es zur Jahrtausendwende um den deutschen Fußball bestellt gewesen sein muss, so dass man einem Quacksalber wie Daum das höchste Traineramt im Land anbot? – Nun sind wir einige Jahre weiter, dem deutschen Fußball geht es inzwischen etwas besser, während Christoph Daum, so scheint es, der Alte geblieben ist. Am Dreikönigstag 2007 ließ er seine Kölner Spieler vor versammelter Presse ein Lied singen. »30 Mann und ein Ziel«, auf die Melodie »100 Mann und ein Befehl« von Freddy Quinn. Den Text hat er selber geschrieben, zusammen mit seinem Dauer-Assi Koch. Als man fertig ist, teilt Daum der Presse mit: »Das ist Teil meines Trainings. Und mein Training ist weltweit einmalig.« Vermutlich wollte er »einzigartig« sagen. Kleiner Lapsus. Vielleicht organisch bedingt, denn in den Sphären, in denen Daum sich bewegt, ist die Luft ganz, ganz dünn.

»Ihr Fünf spielt jetzt Vier gegen Drei!« (Trainer Fritz Langner, Schalke 04, 1966)

Das ist ein Oldie unter den Schmunzelzitaten aus der Welt des Fußballs. Zu offensichtlich die Dyskalkulie (»Rechenschwäche«, für die wenigen Nicht-Lateiner unter den heutigen Fußballfans) des alten Trainergenerals Fritz Langner. Aber Vorsicht! Die Arithmetik des menschlichen Zusammenlebens ist kompliziert. »1 plus 1 ist gleich 3«, steht in einem Lehrbuch der Sozialpsychologie, um das Phänomen der »Synergie« zu veranschaulichen: Ein einzelner Mensch allein mag in der Lage sein, einen Zentner zu heben; zwei Menschen zusammen schaffen aber drei

Zentner. »Wenn zwei eins sind«, schreibt der Soziologe Theo Bardmann unter Berufung auf den Philosophen Michel Serres, »dann sind drei gleich null.« Das ist die Formel der Liebe: Zwei Menschen, die ineinander verknallt sind, werden eins – und kein Dritter spielt noch irgendeine Rolle. Wir sehen also, die Formel »Ihr Fünf spielt jetzt Vier gegen Drei« hat es in sich. »Wer zu früh lacht, den blamiert das Leben!«, ermahnte bereits die Gattin des Mannes mit dem Sylt-Tattoo auf der Glatze, Raissa Gorbatschowa, die allzu Selbstgewissen unter den Fußballfreunden.

Dass die deutsche Fußballnationalmannschaft im Jahr 2006 Weltmeister werden würde, war zuvor statistisch exakt ermittelt worden. Man multiplizierte '54 (1. WM-Titel) mit '74 (2. WM-Titel) und subtrahierte 1990 (3. WM-Titel) – und siehe da, »2006« kam zum Vorschein. Ein gutes Omen! Leider ging die Rechnung mit den drei Bekannten nicht auf. Die Zahlenkünstler störte das nicht. Sie erfanden flugs ein neues Kalkül: 1990 + 1974 - 1954 = 2010. Also wird man es in Südafrika richten, Halleluja! Das Kap der Guten Hoffnung stirbt zuletzt (oder so ähnlich).

Sie kennen sicher noch Horst Szymaniak, den großartigen linken Läufer und »Meister des flachen Diagonalpasses«, wie Seppl Herberger ihn bewundernd genannt hat. »Von wegen ein Drittel! Mit mir nicht! So lass ich mich nicht abspeisen! Ein Viertel mehr Kohle muss es schon sein, sonst mach ich die Biege«, soll Szymaniak gesagt haben, nachdem sein Verein ihm für den Fall der Vertragsverlängerung eine Erhöhung der Bezüge um ein Drittel angeboten hatte. Als man Szymaniak viele Jahre später nach dieser Begebenheit fragte, gab er gelangweilt zu Protokoll: »Man wird sich ja wohl noch auf den gesunden Menschenverstand verlassen dürfen!« Dann erinnerte er sich an den Ausspruch eines Fußballreporters von neulich: »Jeder vierte Mensch auf Erden ist ein Chinese. Aber wenn ich auf den Platz schaue, sehe ich keinen einzigen!« Szymaniak: »Wer hat denn nun recht?«

Im folgenden Beispiel geht es um mehr als nur um gesunden Menschenverstand; es geht um Anstand. »Das Tor ist zu 70 Prozent meins und zu 40 Prozent dem Willi seins.« Ingo Anderbrügge war's, der Schalker Torjäger, der dies der Westdeutschen Allgemeinen Zeitung in den Block diktierte. Ein echter Schalkeanhänger wird nur müde mit den Schultern zucken und sich sagen: »Hauptsache, das Ding war drin.« Torjäger Anderbrügge bedankt sich also bei Mitspieler Wilmots für die Vorlage zum Tor. Dabei macht er höflicherweise den Anteil von Wilmots größer, als er gewesen ist, ohne dass der Löwenanteil, der ihm selber gebührt, geschmälert wird. Was ist dagegen einzuwenden? Ich behaupte: rein gar nichts, im Gegenteil. Hier liegt ein Beispiel von Anstand und Bescheidenheit vor, wie es im Profisport selten geworden ist. Wäre es denn besser, der übertriebenen Uneigennützigkeit südamerikanischer Fußballer zu folgen und den eigenen Torerfolg ganz und gar zu leugnen (»Das war gar nicht ich, das war Gott!« Jorghino, seinerzeit Leverkusen), obgleich ein nach Millionen zählendes Fernsehpublikum es anders gesehen hat? Wäre es etwa besser, die eigene Leistung angeberisch aufzublasen und größer zu machen, als sie tatsächlich war? »Zwei

Chancen, ein Tor – das nennt man wohl hundertprozentige Chancenverwertung!« Der so sprach, Mittelstürmer Wohlfarth aus München, verfiel bald danach den Drogen (Appetitzügler-Sucht!) und war weg vom Fenster. Oder wäre es etwa besser, die eingebildete Diva zu spielen, wie im Falle des von der Presse wegen seines gewaltigen Schussvermögens zum »Dr. Hammer« promovierten Sturmführers, der daraufhin im Beisein seines Anwalts verlangte, nicht mehr als »Schütze«, sondern nur noch als »Autor« von Toren bezeichnet zu werden? Nein, liebe Fußballfreunde, angesichts derartiger Alternativen müssen wir ohne jeden Abstrich anerkennen, dass Ingo Anderbrügge in der Euphorie des Torerfolgs höchst anständig geblieben ist und den goldenen Mittelweg zwischen gesundem Selbstbewusstsein und fairer Anerkennung der Leistung des anderen nicht verlassen hat. Chapeau, Ingo!

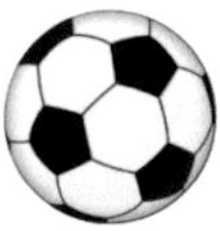

»Hoppauf, Herr Jud, hoppauf!« (Anfeuerungsrufe in Wien, 1920er-Jahre)

Was alles würde dem deutschen Fußball fehlen, hätte es keine Christen in Deutschland gegeben? »Gute Frage!« Höre ich so manchen verlegen antworten, der um ein wenig Bedenkzeit buhlt. »Vielleicht hätte das neue Stadion von Schalke 04, die Gerstenbräu-Arena, keine so schmucke Kapelle mit integriertem Kaplan erhalten.« Die Antwort ist nicht nur richtig, sie ist auch erschöpfend. Andererseits: Was alles würde dem deutschen Fußball fehlen, hätte es keine Juden in Deutschland gegeben? »So ziemlich alles«, wäre eine ziemlich richtige Antwort. Der deutsche Jude Walter Bensemann war 1900 maßgeblicher Mitbegründer und Namensgeber des Deutschen Fußball-Bundes DFB; 1920 gründete er die erste Fußballzeitung in Deutschland, den »kicker«, die noch heute einflussreichste Sportzeitung im Land. Der jüdische Kaufmann Kurt Landauer prägte ab 1913 als Präsident die Geschichte des FC Bayern München. 1932 gewann der heutige Rekord-Meister unter dem jüdischen Trainer Richard »Little« Dombi die erste deutsche Meisterschaft. Endspiel-Gegner war die »Eintracht« aus Frankfurt, deren Spieler »Schlappekicker« gerufen wurden, weil sie bei der jüdischen Schuhfirma Schneider in Lohn und Brot standen. Man stellte in erster Linie »Schlappe« her, also Hausschuhe, daher der hessische Spitzname, der noch heute Bestand hat. Gottfried Fuchs, jüdischer Stürmer des von Bensemann mitbegründeten Karlsruher FV, Deutscher Meister von 1910, ist bis heute der einsame Rekord-Torschütze der deutschen Fußball-Nationalmannschaft: Beim 16:0 gegen Russland während der Olympischen Spiele 1912 in Stockholm erzielte er 10 Treffer. Die Erfolgsstory ließe sich fortsetzen, bis 1933. Hat man es den Juden je gedankt? Natürlich nicht, der deutsche Antisemitismus stand dagegen. Noch in den späten 80er-Jahren konnte ich von einem meiner Stehplatznachbarn im Stadion hören, wie er einen Spieler des FC Bayern mit dem Ruf »Du Keimchen!« beschimpfte. Mir war der Ausdruck absolut fremd. Professor Dietz Bering aus Köln klärte mich auf: »Keimchen« ist eine Verhöhnung des jüdischen Vornamens »Chaim«, der wiederum vom jiddischen Wort »chajim« (»die Lebenden«) abstammt. Also trug der FC Bayern München noch in den späten 80er-Jahren bei manchen Zuschauern das negative Image des »Judenclubs«. Fehlte noch, dass man, wie in Rotterdam noch heute zu hören, den Antisemitismus auf den Rängen durch Tausende von Zischlauten zum Ausdruck gebracht hätte, die an das ausströmende Gas in den Vernichtungslagern erinnern sollen.

Warum spielten Juden eine durchaus wichtige und bis heute wenig anerkannte Rolle im deutschen Fußballsport? Das kann man in Kürze nicht beantworten, aber einen guten Hinweis gibt Lars Claussen: Der Fußball des 20. Jahrhunderts, sagt Claussen, Soziologe in Hannover, versprach die Befreiung von der Ständegesellschaft, in der die Juden Unterprivilegierte waren. Vom Sport erhofften sie sich die Anerkennung des Leistungsprinzips und den daran gebundenen sozialen Aufstieg. Im Fußball herrscht eine erfreuliche Klarheit: Wer mehr Tore geschossen hat als der Gegner, ist der Sieger. Basta. »Gegenüber den endlosen Diskussionen, die das moderne Europa durchzogen, ob die Juden denn nun wirklich gleichberechtigt seien, sein sollten oder könnten, hatte die Entscheidung auf dem Platz etwas Befreiendes.« (Lars Claussen)

Einer der bedeutendsten jüdischen Fußballvereine im

ersten Drittel des vergangenen Jahrhunderts war Hakoah Wien, 1909 gegründet. Das hebräische Wort »Hakoah« bedeutet »Kraft«. Friedrich Torberg, der Schriftsteller, war aktives Mitglied des Vereins, der unsportliche Franz Kafka sein glühender Anhänger. 1923 fegte Hakoah den englischen Cup-Sieger West Ham United daheim in London mit 5:0 vom Platz. Sensationell. Der erste Sieg Kontinentaleuropas im »Mutterland des Fußballs«. 1925 wurde man österreichischer Fußballmeister. Hakoah war spitze und sein Starspieler Béla Guttmann in aller Munde. »Hoppauf, Herr Jud, hoppauf« hörte man anfeuernd die Massen von den Rängen im Wiener Prater rufen. Nicht nur der umgangsübliche »Saujud« war verstummt, man hatte sogar das noble Wort »Herr« vor den immer noch abwertenden Ausdruck »Jud« gesetzt. Friedrich Torberg nannte das »einen wahrhaft großen Erfolg« im antisemitischen Österreich. Kein anderer Sport, nur der Fußball habe diesen großen Erfolg bewirken können. – Und diese Hoffnung hegen wir bis heute: dass der Fußball Berge versetzen kann!

»Halt's Maul!« oder Missverständnis beim Fairplay

Einer wusste nicht mehr weiter in seiner Hilflosigkeit. Er stand vor einem großen Schwarzweißfoto, auf dem ein SS-Mann einen Juden erschoss. Fußballnationalspieler Mario Basler suchte Beistand in seinem Gefühl der Verzweiflung. Er winkte Bundestrainer Hans-Hubert Vogts zu sich. »Das kann doch nicht wahr sein, Trainer. Hat es so etwas wirklich gegeben?« »Doch, Mario, so war's wirklich«, sagte Vogts. Und Basler ging und murmelte seine Frage wieder und wieder vor sich hin.

Einen Tag vor ihrem Freundschaftsspiel gegen Israel besucht die deutsche Fußballnationalmannschaft die Holocaust-Gedenkstätte Yad Vashem in Jerusalem. Nicht nur Basler machte sich seine Gedanken, auch andere machten sich Gedanken, auch über Basler. Warum hat er beide Hände in den Hosentaschen vergraben, warum kaut er so demonstrativ Kaugummi? Warum ist die Mannschaft statt im dezenten Ausgehanzug in poppiger Ballonseide erschienen? Den Mercedes-Stern rechts, den Bundesadler links auf der Brust und schwarzrotgold die Ärmel, das ist doch Kirmes-Look!

Deutschland und die Juden, lautet also das Thema. »Was für ein Thema!«, würde Reporterdino Fassbender jetzt mit aufgesetztem Pathos sagen, »da darf der Fußball nicht abseits stehen.« Und sein Co-Kommentator Rummenigge würde hinzufügen: »Sicherlich, jetzt ein Aussöhnungstörchen, das tät dem Spiel echt gut, auch auf lange Sicht.« Auch für den Fußball und die Bundesliga ist das ein Thema, die Deutschen und die Juden.

Ende der sechziger Jahre lautete in den Vereinen die Devise: Lasst Juden ruhig mitspielen, wehe aber, sie spielen schlecht! Das war im Geist der neuen Offenheit jener Jahre formuliert, die in die Fußballsprache als »kontrollierte Offensive« eingegangen ist. Mitte der siebziger Jahre gab Hennes Weisweiler die Parole aus, die das wiedererstarkte Selbstbewusstsein der Westdeutschen schonungslos zum Ausdruck brachte. »Antisemit«, so dozierte Don Hennes in der Schule der Profis, dem Trainingslager, »Antisemit ist einer, der die Juden mehr hasst als nötig.« Da es zur Berufsehre der Profis gehört, stets nicht mehr als nötig zu tun, mochte von Stund an kein Fußballer mehr Antisemit geheißen werden.

Zu Beginn der achtziger Jahre ging man verstärkt zu Freundschaftsbegegnungen in Jerusalem und Tel Aviv über. Toni Schumacher, der Kölner Torwart-Rambo mit dem Wackelknie, fasste das insgeheime Motto jener Zeit in klare, landkölnische Worte: »Schlagt die Juden auf eigenem Terreng! Heimniederlagen machen bescheiden.« Auch den deutschen Fußballherrenmenschen waren inzwischen die nicht verstummenden Wiedergutmachungsforderungen des Staates Israel auf den kleinen Gerechtigkeitsgeist gegangen, zumal ein Foul auf dem grünen Rasen nur einmal geahndet wird, aber nicht 40 Jahre lang.

So kam es also, und erst jetzt fängt die Geschichte vom missglückten Fairplay richtig an, dass in der Mitte der

1980er Jahre der 1. FC Köln zum Freundschaftsspiel bei Maccabi Haifa antrat.

Gegen Ende der ersten, torlosen Halbzeit passierte es.

Dem Kölner Supertechniker Stephan Engels platzte die sprichwörtliche Engelsgeduld, und er schleuderte seinem dauernd klammernden und vor allem in einem fort redenden und meckernden Bewacher Daniel Brailovsky ein ärgerliches »Halt's Maul!« entgegen. Der Israeli, ein erst vor wenigen Monaten aus Argentinien eingewanderter und lediglich das Spanische beherrschender Mann, verstand »Heil Hitler!« und foulte bei nächstbester Gelegenheit seinen deutschen Gegenspieler so schwer, dass beide den Platz verlassen mussten. Der Deutsche auf der Trage, der Israeli infolge einer Roten Karte, aber hoch erhobenen Hauptes.

Was Versöhnung zwischen den Völkern wirklich heißt, bewies nun der schwer verletzte Spieler Engels auf großmütigste Weise, indem er von seinem Krankenbett im rheinischen Troisdorf aus den Gegenspieler Brailovsky schriftlich um Verzeihung bat. Obwohl er nicht »Heil Hitler!« gesagt, akzeptiere er, dass Brailovsky seine Worte so verstanden habe. Er könne gut nachempfinden, dass diese verbale Verletzung eine ungleich schlimmere sei als der Kreuzbandriss, mit dem er sich zur Zeit in stationärer Behandlung befinde.

Mit dieser noblen Entschuldigung, die in deutscher Sprache abgefasst war und brieflich übermittelt wurde, gelang allerdings die vom Spieler Engels gewünschte Aussöhnung nicht. Brailovsky erkannte in dem Schreiben lediglich jene zwei Worte wieder, gegen die er sich schon auf dem Spielfeld verwahrt hatte. Als er obendrein dem Absender des Briefes entnahm, dass es sich um ein »Hospital« handelt, empfand er eine erneute und noch größere Genugtuung über seine gerechte Bestrafung eines unverbesserlichen Hitlerjungen.

»Wir sind Dortmunder – und ihr nicht!« (BVB-Fans beschimpfen ihre Mannschaft)

So reizvoll das Fußballspiel an sich auch sein mag, als Fußballfreunde identifizieren wir uns mit der Mannschaft, die es spielt und nicht mit dem Spiel an sich. Das heißt, wir gehen mit unserem Verein durch dick und dünn, der aus unserer Stadt oder Region kommt und es bis in die oberen Ligen geschafft hat. Bereits im empfänglichen Kindesalter sind wir an der Hand des Vaters zu unserem Club herangeführt worden. Auch als fortgeschrittene Semester schauen wir noch wie retardierte Elfjährige zu den Spielern auf und erlassen jedem Neuen, der bereit ist, unsere Farben zu tragen, die Probezeit, um ihn sofort ins Herz zu schließen. Unser Verehrungsbedürfnis und unsere Bereitschaft zum Vertrauensvorschuss sind ebenso immens wie unsere Einseitigkeit radikal ist. Zur distanzlosen Identifikation mit der eigenen Mannschaft gehört die fraglose Opposition zum Gegner. Mag der über den Dingen stehende neutrale Spielbeobachter wünschen, dass er »ein gutes Spiel« zu sehen bekommt und »die bessere Mannschaft gewinnt«, so werden wir als selbstbewusst unter den Dingen stehende Fans immer und überall wünschen, dass unser Verein gewinnt, egal wie unterirdisch er auftritt. Wir sind Partei. Im Stadion ist uns blutleere Objektivität fremd und ein bedauernswerter Ausdruck von Gefühlsarmut. Zur Objektivität sind wir die ganze Woche über angehalten, in unseren Berufen und Funktionen, damit verdienen wir unser Geld. Das Wochenende aber gehört der Partei. Gewinnen dann unsere Jungs tatsächlich, verlieren wir leicht den Boden unter den Füßen. Geht es andersherum aus, zweifeln wir für die nächsten acht Tage am Sinn des Lebens. Von diesen Zeiten lebt die Telefonseelsorge.

Unsere Identifikation mit dem Verein ist von monogamer Langlebigkeit. Das gilt nicht in gleicher Weise für unser Verhältnis zu den Spielern. So umstandslos wir jeden Neuen auch begrüßen, einige moralische Erwartungen sollten die Novizen schon erfüllen:

Je mehr die Spieler sich ihrerseits zum Verein bekennen und das auch im Spiel zeigen, indem sie selbst in aussichtsloser Lage noch bis zum Umfallen kämpfen, um so leichter fällt uns die Identifikation mit ihnen.

Je mehr Lokalbindung die Profis haben oder von sich

aus entwickeln, um so leichter fällt es uns, sie als die Unsrigen anzunehmen. Zumal ihnen allein auf diesem Wege einige Spezifika des Spielbetriebs verständlich werden, die man Fremden und Durchreisenden nur schwer vermitteln kann, zum Beispiel die besondere Brisanz eines Lokalderbys zwischen St. Pauli und dem HSV, oder eines Regionalderbys zwischen Schalke und Dortmund, Hamborn und Oberhausen.

Je anfassbarer die Spieler sind, weil sie in unserem Viertel wohnen und man ihnen beim Einkaufen begegnet, statt sich unnahbar in die gated communities der Nobelbezirke zurückzuziehen, um so leichter ist es uns, sie anzusprechen und ein persönliches Wort von ihnen zu ergattern. Schließlich haben wir über die Jahre eine beachtliche Fußballkompetenz aufgebaut und fühlen uns jedem Fachgespräch gewachsen. Außerdem treten wir selber gegen die Kugel und wissen wie das ist, wenn der Ball seine eigenen Wege geht.

Je länger die Spieler im Verein sind und trotz besserer Angebote von außerhalb dem Club die Treue halten, um so leichter fällt es uns, Fehler und Schwächen zu verzeihen und in ihnen das bodenständige »Urgestein« zu verehren.

Aufopferung, Lokalität, Anfassbarkeit, Langjährigkeit, – das sind Identifikations-Ressourcen, die durch die Professionalisierung und Kommerzialisierung des Fußballs heute aggressiv zerstört werden. Die Zusammensetzung der Teams wird immer globaler, die Zuneigung der Fans aber bleibt lokal.

Jede Saison elf neue Millionarios mit der Söldner-Mentalität von Fremdenlegionären ins Herz schließen zu sollen, das überfordert selbst den gutmütigsten Fußballfan. Immer kürzer wird darum seine Geduld mit den teuren Stars, immer rascher ist er dabei, seine Jungs bereits nach drei, vier verlorenen Spielen rüde zu beschimpfen: »Wir sind Dortmunder – und ihr nicht!« »Scheißmillionäre!« »Vielen Dank – für nichts!« Hören es die Profis, wie sie es hören sollten, als Hilferufe? Wohl kaum. Die professionellen Fremdenlegionäre sind empathiearm. Ist der Abstieg dann nicht mehr zu vermeiden, tritt die Mannschaft mit einem großen, sponsorfinanzierten Transparent zum letzten Spiel an, das von allen elf Wanderarbeitern hochgehalten wird: »Ihr ward erstklassig. Wir nicht. Danke!« – Und tschüss.

»An meinem rechten Fuß muss ich noch feilen.« *(Michael Tarnat, Linksverteidiger)*

Der Fuß ist ein bedauernswertes Organ. Einen großen Teil seines Lebens verbringt er, wie Sylvia Plath schreibt. »im schwarzen Sarg der Schuhe«, wo er käsig aussieht und ranzig wird. Der Fuß ist ein niederes, unscheinbares Stück

Körper, das sich lebenslang in Dreck und Staub herumtreiben muss. Allein im Fußballspiel kommt dem Fuß eine großartige kulturelle Gestaltungskraft zu. Im Jahr 2005 ist der Fußballfuß sogar zu einem von Brigitte Schmitges gestalteten Denkmal geworden. Vor dem Hamburger Stadion thront überlebensgroß der starke rechte Fuß von Uwe Seeler. In Bronze gegossen, dient er den Kleinen zu Kletterübungen, während die Großen auf dem Nagel des dicken Zehs gemütlich Platz nehmen können. Es ist nicht mehr als gerecht, dass gerade im proletarischen Fußballsport das unscheinbare, die ganze Last des Körpers tragende Organ auf den Sockel gehoben wird.

Bei jedem Sport geht es um körperliche Aktivitäten, die nach bestimmten Regeln ausgeübt werden, Regeln, die die Aktionen absichtlich erschweren. Die besondere Art der freiwilligen Selbsterschwerung, die sich der Mensch im Fußball auferlegt, unterscheidet dieses Spiel von allen anderen. Im Fußball wird das perfekte Spielgerät Ball mit einem ungeeigneten Organ zusammengebracht, dem Fuß. Hand und Arm sind weitgehend tabu. Füße aber, ganz anders als Hände, sind nicht dazu gemacht, elastische Kugeln zu beherrschen. Mit dem Fuß kann man keine Besitzansprüche stellen, mit der Hand sehr wohl. Das Fangen und Werfen des Handballs ist etwas ganz anderes als das Stoppen und Treten des Fußballs. Die Hand ist gegenüber dem Fuß das gebildetere, das geübtere Organ. Fangen ist leichter als Stoppen. Beim Fangen strebt der Ball »dem Becher hoher Hände zu«, wie Rilke dichtete; es ist immer ein Empfangen und bedeutet ein Höchstmaß an Kontrolle über das Spielgerät. Beim Stoppen des Fußballs hingegen kommt es immer zu einer Konfrontation. Der Spann des Fußes ist dem Ball entgegengesetzt gewölbt, konvex trifft auf konvex. »Füße sind fürs Fußballspielen absolut unsinnig konstruiert«, befindet der Schuhmachermeister Eckhard Hermstedt, Erfinder des »Predator«, eines diesen Nachteil ausgleichen wollenden Fußballschuhs. »Gehirnlappentechnisch«, lässt Thomas Brussig seinen Protagonisten im »Monolog eines Fußballtrainers« sagen, »können die Augen mehr als die Beine und Füße zusammen. Lippen, Zunge, Finger, Hände, alle können mehr als die Füße – und wir spielen Fußball. Der Mensch ist nach fußballerischen Gesichtspunkten eine einzige Fehlkonstruktion, eine Missbildung.« Um so größer die Kunstfertigkeit, die vom Kicker verlangt wird. Der Fußballer muss sich viel mehr als alle Sportler, die den Ball mit der Hand spielen in die Bewegung und Dingeigenschaften des Balls einfühlen: Er muss in seiner eigenen Bewegung die Bewegung des Balls gleichsam verlängern. Weil er den Ball nie ganz unter Kontrolle hat, schmiegt er sich der Bewegung und Flugbahn des Balls sozusagen an. Die Schönheit dieses Vorgangs lässt sich an Könnern wie Pelé oder Maradona bewundern. Von Maradona wurde geschrieben, er habe »Hände an den Füßen«, denn er könne einen scharf geschossenen Pass in zwei Metern Höhe mit der Fußspitze so stoppen, dass der Ball wie ein vom plötzlichen Herzinfarkt ereilter Spatz zu Boden falle.

Das Treten des Fußballs wiederum, ganz anders als das Stoppen, ist eine archaische Bewegung und von Hause aus aggressiver als das Werfen. Auch ist das Treten eines Balles gewagter als das Werfen, weil es einen Verlust an Sicherheit in der Körperhaltung mit sich bringt. Als der Fußball in Deutschland populär zu werden begann, benutzte der Turnlehrer Karl Planck die oft kuriose Körperhaltung des tretenden Fußballers, um vor diesem Sport, der »englischen Krankheit«, wie er sie nannte, zu warnen. In seiner 1898 erschienenen Schmähschrift »Fußlümmelei« beschreibt Planck die Hässlichkeit des Fußballers beim Tritt gegen den Ball so: »Das Einsinken des Standbeins ins Knie, die Wölbung des Schnitzbuckels, das tierische Vorstrecken des Kinns erniedrigt den Menschen zum Affen«. Das war in abschreckender Absicht geschrieben. Karl Planck konnte noch nicht wissen, wie gern wir uns zum Affen machen lassen!

»Das Tor ist der Orgasmus des Fußballs.« (Eduardo Galeano)

Früher konnte man nur ganzheitlich gewinnen. Bei einer »Miss Germany« musste von Kopf bis Fuß alles stimmen. Heute werden die Körperteile einzeln ausgezeichnet, wie beim Schlachter. Heute kann man »Gesicht des Jahres« werden, auch wenn der übrige Body auf der Vollfettstufe herumschwabbelt. Sebastian Schweinsteiger ist in Abwesenheit seines Gesichts zum »Oberkörper des Jahres 2006« gewählt worden. Anlässlich seiner Kür durch die Leserinnen der Zeitschrift »Bravo Girl« bekannte Schweinsteiger, ein Tor zu schießen sei »noch viel geiler als ein Liebesakt«. Und: »Mein rechter Fuß bedeutet mir mehr als Sex machen«. Das brachte ihm viel Lob in der Fachpresse ein. Allein die Sprache, »Sex machen«, klingt irgendwie nach »Fliesen legen«. Neulich verwahrte sich der kleine Lutz, gerade mal 5 Jahre, gegen die Redewendung »Sex machen«, die in einer Aufklärungssendung des »Kinderkacke« genannten KiKa-Senders gefallen war. »Ist doch keine Handarbeit!«, war sein empört vorgebrachter Einwand. Wenn der wüsste...

Der Spieler Schweinsteiger ist ein begehrter Junge. Wo immer er auftaucht, wartet schon ein Pulk draller Mädchen mit Sprüchen wie diesem: »Schweini, ich will ein Ferkel von dir!« Aber Schweini setzt die Prioritäten anders. Vielleicht ist er ja ein später Nachfahre von Karl Kraus (Austria Wien), der seinerzeit bekannte, der Koitus sei nur ein »schlechter Ersatz für die Onanie«. Wir wissen es nicht. »Aus solchem Holz sind künftige Weltmeister geschnitzt«, lobte der »kicker«. Jedenfalls das glaubt man zu wissen.

Uns Zuschauern, die wir mit eiserner Regelmäßigkeit zu den Wettkämpfen pilgern, geht es nicht anders als Schweinsteiger, so scheint es jedenfalls. Sind wir im Stadion, wird das »Thema Nr. 1« absolut sekundär. Keiner der Augenblicke, schreibt Nick Hornby, die Menschen als die schönsten in ihrem Leben beschreiben, sei vergleichbar mit der Extase, die das in letzter Minute und aus heiterem Himmel fallende Tor in ihm auslöse, das den Sieg für seinen Verein bedeute. Im Vergleich dazu sei ein Orgasmus vorhersehbar und wiederholbar, wenn man nur die immergleichen zwei bis drei Knöpfe drücke.

Dass man Sexualität und Sport zu einem Gegensatzpaar macht, ist alt. Ein erfolgreicher Athlet muss enthaltsam sein, während ein Lustmolch nicht anders kann, als kraftlos über den Platz zu schleichen. Übrigens hatte Hans-Hubert Vogts (Kampfname »Berti«) von allen Bundestrainern die lockerste Einstellung zur Vögelei seiner Spieler. Ob vor dem Spiel, ob nach dem Spiel, dem Bundesberti war's egal. »Nur in der Halbzeitpause«, schränkte er ein, »da läuft gar nichts.« Das sagte er zu einer Zeit, als Boris Becker zwischen zwei Tennis-Sätzen in Wimbledon die kleine Anna gezeugt hatte, die heute dabei ist, im Wettbewerb um die »Niedlichste Erdbeerblonde« den ersten Platz zu machen.

Sind Sex und Sport wirklich Gegensätze? Im Fußballspiel hängen beide doch sehr eng zusammen, sie stehen in einer Art Komplementärverhältnis zueinander. Man kann es jedes Wochenende vielfach beobachten. Das erzielte Tor ist gewissermaßen das Eintrittsbillet für ausgelassenes Gerammle. Die Spielkameraden fallen über den Torschützen her. Die Nummer 6 begräbt die Nummer 9 unter sich, und man schiebt sich mit eindeutigen Bewegungen über den Rollrasen. Übrigens auch etymologisch aufschlussreich:

Beim Fußballspiel können wir mit bloßem Auge sehen, woher die volkstümliche Wendung »eine Nummer schieben« kommt. Aber zurück zur Widerlegung des scheinbaren Gegensatzes von Fußball und Sex: Ist es nicht schön, wie sich der bebende Schnurrbart des Zehners in den vor Lust bis zu den Ohren gezogenen Mundwinkel des Vollstreckers gräbt; wie sich eine sehnige Hand im Nacken des Vorlagengebers liebevoll festkrallt; wie zwei muskulöse Männerschenkel sich um das Becken eines noch unausgekleideten Reservisten klammern; wie sich Hüfte an Hüfte presst und die dreitagebärtige Wange des alten Haudegens sich ans glattrasierte Bäckchen von Prinz Poldi schmiegt? Ja, das ist so schön, dass wir Zuschauer auf den Rängen nicht anders können als mitzumachen. Das Fußballstadion ist der einzige Ort in unserer Gesellschaft, wo sich wildfremde Männer öffentlich in den Armen liegen und küssen dürfen, ohne in den Verdacht der Homosexualität zu geraten. Im Fußballstadion erleben wir Tag für Tag, wie zärtlich Männer sein können und dass sie sich überhaupt nicht schämen, das auch vor der Kameraöffentlichkeit zu zeigen.

Nein, Fußball und Sex gehören nicht nur zusammen, sie sind eins! »Da gibt es nichts auseinanderzudividieren«, meint auch der blaublütige Womanizer, S. M. Kaiser Franz. Recht hat er! Bis auf die Wortwahl. Oder haben Sie schon mal »zusammendividiert«?

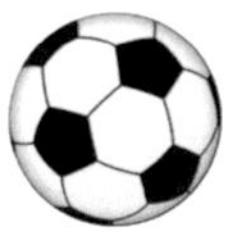

»Trainer« (Beate Rehhagels Anrede für ihren Ehemann Otto)

»to train« heißt ziehen, erziehen, zurichten. Zuerst wurden Pferde zugeritten, später Menschen zugerichtet. Der Trainer ist ein Zuchtmeister und darum etwas ganz anderes als zum Beispiel ein Bauingenieur. Das ist ein Beruf, Trainer hingegen ist eine Haltung, eine Einstellung zum Leben. Einen Beruf kann man wechseln, Trainer bleibt man ein Leben lang.

Ob er überhaupt noch ein Mensch sei, wurde der Trainer, den sie einen harten Hund nannten, gefragt. Das sei primär ein logisches Problem, gab der harte Hund zurück, und darum eindeutig zu beantworten. Sein Ton klang arrogant. Der Fragensteller, ein Journalist von Rang, ermunterte den Trainer weiterzusprechen. Er glaubte nicht, dass es dem Coach gelingen würde, das angeblich rein logische Problem zu lösen. »Der Satz vom Widerspruch, einer der Hauptsätze der zweiwertigen Logik, Bivalenzprinzip, Sie erinnern sich«, fuhr der harte Hund fort, erlaube es nicht, zugleich Trainer und Mensch zu sein. Da alle Welt wisse, dass er Trainer sei, »oder möchte der Herr Journalist das bestreiten?«, könne er mithin unmöglich Mensch sein. Der Satz vom Widerspruch schließe das aus, »Descartes, wie Sie sicherlich wissen«. Jetzt fühlte sich der Fragensteller vorgeführt. Er war nur Feuilletonist und die zweiwertige Logik nicht seine Stärke.

Nicht ohne Grund stand der Trainer im Ruf, ein harter

Hund zu sein. Er beherrschte das Wechselspiel von Zuckerbrot und Peitsche perfekt. Jetzt war es an der Zeit, dem verunsicherten Journalisten Zucker zu geben, denn der Trainer war eitel wie alle Trainer und wollte eine gute Presse. Der harte Hund wechselte den Ton und setzte zu einem kleinen Monolog an, bei dem er sich bemühte, weniger logisch und mehr volkstümlich zu sein. Er begab sich also herab auf das Anspruchsniveau unserer Presse.

»Trainer und Menschen, das sind zwei ganz verschiedene Paar Schuh«, begann der harte Hund, »das können Sie ruhig wörtlich nehmen: zwei ganz verschiedene Paar Schuh! Nehmen Sie zum Beispiel meine Wenigkeit. Heute bin ich Trainer. Bevor ich Trainer wurde, war ich selber Fußballprofi. Das war gestern. Und bevor ich Fußballer wurde, war ich Mensch. Das war vorgestern. Das Menschsein liegt für einen Fußballprofi also bereits weit zurück. Für einen gestandenen Trainer liegt das Menschsein noch viel weiter zurück. Hat der Fußballprofi noch menschliche Schwächen, denn heute gewinnt er und morgen verliert er, so haftet dem Trainer nichts Menschliches mehr an, weil er nur noch eines darf: Er muss immerzu gewinnen. Selbst das Wort Niederlage hat er aus seinem Wortschatz gestrichen. Er kennt nur noch Siege und Beinahe-Siege. Der Trainer ist also vollumfänglich ein ehemaliger Mensch. – Sie können folgen?« Der Reporter nickte nur kurz. Er war noch mit dem Aufschreiben der Trainerworte beschäftigt. Primärzitate sind das Gold des Journalismus. Also fuhr der Coach fort: »Richtet man nun den Blick auf das Schuhwerk, so fällt auf, dass Lurchis kleiner Elefantenschuh aus dem Hause

Salamander den Fuß des Menschen schmückt. Der Fußballprofi hingegen trägt Adi Dasslers Dreistreifenstiefel, jedenfalls im Spiel. Und da der Trainer immer im Dienst ist, Tag und Nacht, trägt er den Dreistreifenschuh auch außerhalb des Spiels, er trägt ihn immer und überall. Zwei ganz verschiedene Paar Schuh also, Trainer und Menschen!« Jetzt war auch der Journalist überzeugt, dass der Trainer vollumfänglich ein ehemaliger Mensch sei.

Vom harten Hund, der wie Rehhagel seine ersten Schritte als Fußballer im tiefsten Ruhrgebiet gemacht hat, wissen wir, dass er seine Ehefrau ganz normal mit Vornamen anredet. Wie aber Otto Rehhagel zu seiner Beate sagt, die ihn nur »Trainer« nennt, das wissen wir nicht. Vielleicht »Mutter«?

»Du alter Zigarettenschmuggler!« (Thomas Brdaric beleidigt im Zweikampf den Polen Tomasz Hajto)

Zwei Milliarden Augenzeugen. Schon am Tag danach war das Ereignis in ein Gedicht des Büchner-Preisträgers Volker Braun eingegangen: »Als der Fußballer Zidane / Vor dem Eingang in die Unsterblichkeit stand / Beendete er seine Karriere / Mit einem Kopfstoß. Nicht unüberlegt / Sondern sich umwendend / Und den Nischel senkend wie ein weidwunder Stier / Warf er sich gegen die Brust Materazzis...«. Über den Anlass rätseln wir noch immer. Die Worte ihres kurzen Dialogs, den Zidane und Materazzi an jenem 9. Juli 2006, kurz nach 22 Uhr MEZ im Berliner Olympiastadion führten, sind bis heute nicht rest- und zweifellos bekannt. Wir nehmen an, dass der Latino Materazzi den Berber Zidane in seiner Familienehre verletzt hatte.

Nach wie vor ist es ein Geheimnis, was Fußballspieler beim Kampf um den Ball zueinander sagen, wenn sie überhaupt miteinander sprechen. Verteidiger Herbert Finken von Tasmania 1900 Berlin war da eine große Ausnahme. Er hatte die Angewohnheit, gleich zu Spielbeginn seine Visitenkarte beim Gegenspieler abzugeben: »Gestatten, mein Name ist Finken – und du wirst gleich hinken.« Bekannt ist, dass Ausländer wegen ihrer Herkunft oder Hautfarbe verbal gemobbt werden: »Nigger!« »Fidschi!« »Bimbo!« Bekannt auch, dass sexuelle Andersartigkeit ein beliebtes Beleidigungsmotiv ist: »Bist du schwul oder warum rückst du mir so nah auf die Pelle?«, fauchte Stürmer Axel Kruse seinen Bewacher an, der ihm nicht von der Seite wich. Manndecker Borowka hatte für solche Fälle die Standardantwort parat: »Jawoll, ich werd' dein Zäpfchen sein!« »Trash-Talk« nennt man das bewusste Beschimpfen von Gegenspielern. Wichtig sei es, meint Fredi Bobic, immer den wunden Punkt zu treffen. Ein Wort kann wie ein Blattschuss sein. »Wenn du zum Beispiel weißt, dass deinem

Gegenspieler gerade die Frau weggelaufen ist, wirst du das schon mal thematisieren«, sagt der coole Axel Kruse, der ein Verbalprovokateur der Extrasorte war. Viele gibt es davon zum Glück nicht. Manche meinen, früher seien es mehr gewesen. Wolfgang Overath zum Beispiel, der habe 90 Minuten lang gebrabbelt, gemurmelt, gezischt, und nichts davon sei druckreif gewesen. Heute steht so einer einem großen rheinischen Fußballverein vor, der sich als »schlafender Riese« versteht und doch nur ein träumender Hinterplatz-Zwerg ist.

Aber auch andere Helden von damals sind unrühmlich in Erinnerung, vor allem Otto Rehhagel und Uwe Klimaschefski. Ihr berühmtes Opfer war Reinhard »Stan« Libuda. Libuda galt Ende der sechziger Jahre als einer der besten Rechtsaußen der Welt. Für seine bemitleidenswerten Gegenspieler blieben oft nur kafkaeske Bilder übrig: Reihenweise fallen sie um, durch raffinierte Finten und Tricks aus dem Gleichgewicht gebrachte Tollpatsche. Hilflos liegen sie auf ihren sinnlos nummerierten Rücken und strampeln wie nach Atem ringende Maikäfer mit viel zu pummeligen Beinen in der Luft herum.

Libuda war mit Gisela verheiratet, der Schönheitskönigin von Schalke und Umgebung, die aber deshalb ihr Interesse an anderen Local Heroes nicht verlor. Das bedrückte Stan und machte ihn noch melancholischer als er von Natur aus schon war. Libudas Gegenspieler hatten schnell herausgefunden, wie einfach man dem Dribbelwunder allen Schneid abkaufen konnte. Ein einziger Satz genügte, im hitzigen Zweikampf beiläufig fallen gelassen, um dem maßlos eifersüchtigen Ehemann jeglichen Elan zu nehmen. Lauterns Verteidiger Otto Rehhagel soll ihn erfunden haben, den goldenen Schlüsselsatz, nachdem der Fummelkönig ihn wiederholt zum Maikäfer degradiert hatte und der grobmotorische Otto sich nicht mehr anders als mit der verbalen Keule zu helfen wusste. »Du, Schtänn«, soll Rehhagel im giftigen Duell gesagt haben, »weißt du eigentlich, watt deine Alte gerade macht?« Das habe genügt, um das Fintenluder komplett lahm zu legen. Andere Abwehrtölpel kamen direkt zur Sache. »He Stan, deine Frau fickt rum«, schleuderte der säbelbeinige Uwe Klimaschefski von Hertha BSC seinem Kontrahenten entgegen – und mit aller Dribbelherrlichkeit war es auf der Stelle vorbei.

Das alles ist fies und gemein. Dabei geht es auch eleganter. Bernd Sobeck von Tennis Borussia Berlin hatte eine feine Methode gefunden, um seine Gegner verbal zu verwirren. »Buchstabier mal Acapulco!« flüsterte er beim Spiel Mann gegen Mann seinem Widersacher ins Ohr. Der eine oder andere sei tatsächlich ins Überlegen gekommen, wenn auch nur für einen kurzen Augenblick, aber das reichte Sobeck, um ihm den Ball abzuluchsen und auf und davon zu gehen.

»Wer vorschnell resigniert, kann nicht fighten bis der Arzt kommt.« (Bernard Dietz, Namensgeber des MSV Dietzburg)

»Ein Fußballspieler, wo nicht kämpft, kann auch nicht alles geben.« So ähnlich, mit der Betonung auf dem Wörtchen »alles«, hat es Ändy Möller gesagt, der selbst ein solcher Fußballer war. »Enatz« Dietz hingegen, der westfälische Gesenkschmied mit nur drei Fingern an der rechten Grüßhand, hat immer alles gegeben, er ackerte und rackerte bis zum Umfallen. In seinen besten Zeiten, zweite Hälfte der siebziger Jahre, stellte die BILD-Zeitung ihrem Millionenpublikum in Aussicht, dass der Tag nahe sei, an dem Bernard Dietz eine von ihm selbst getretene Ecke höchst persönlich mit dem Kopf im Tor unterbringen werde.

»Wer nicht alles gibt, gibt nichts«, stellt Helenio Herrera apodiktisch fest, der einst Inter Mailand mit der eisernen Hand eines Sklaventreibers in die europäische Spitze führte. Knapper kann man das Schwarzweißdenken nicht formulieren. Im Fußball geht es immer um Alles oder Nichts, Punktgewinn oder Punktverlust. Die Grauzone dazwischen, die Welt des Unentschiedens und der Punkteteilung, das ist die Hölle, jedenfalls für den echten Fußballer vom Schlage eines westfälischen Schmieds, der zwei Finger in der Eisenpresse ließ. Für einen Warmduscher wie Ändy Möller mag das Remis ja in Ordnung gehen.

Woran erkennt man den echten Fußballer? Vor allem

daran, dass er 90 Minuten unterwegs ist und immer gewillt, ein gestrecktes Bein vor dem Gegner am Ball zu sein. Wer alles gibt, ist dauernd auf Achse, gönnt sich keine Kunstpause und erläuft sich Bälle, die andere schon verlorengegeben haben. Das ist die herrschende Meinung, schließlich ist Fußball ein Laufspiel. Nur eine Minderheit lauffauler Stehgeiger mit dem Aktionsradius eines Bitte-ein-Bit-Bierdeckels erhebt da Widerspruch. Ihr Sprecher ist noch immer der übergewichtige Buffy Ettmayer von anno dunnemals. Er vertritt die Auffassung, bei einem guten Fußballspiel müsse der Ball laufen, nicht der Spieler. Der spanische Trainer Carlos Rexach geht sogar noch weiter: »Dass bei einer Mannschaft etwas nicht stimmt, erkenne ich daran, dass sie zu viel läuft. Im Fußball laufen nur Feiglinge.« Aber das sind Außenseiter-Meinungen von höchst zweifelhaften Phlegmatikern.

Wer wirklich alles gibt, ist kein pflegeleichtes Bürschchen, weder auf dem Platz noch außerhalb. Wie man sicher noch weiß, fraß das alte Kampfschwein Uli Borowka seinem Gegenspieler regelmäßig die Nummer vom Rücken, so dicht stand er ihm auf den Fersen, 90 Minuten lang, und wenn es sein musste auch länger. Berti Vogts war bekannt dafür, dass Trainer Weisweiler ihn nach dem Abpfiff von seinem Gegner abpellen musste, so fest klebte der Manndecker an seiner Beute. Spieler, die alles geben, sind nicht nur pausenlos unterwegs, sie lassen auch nicht locker. Verletzungen stecken sie klaglos weg. Ein vor der Halbzeit gebrochenes Wadenbein ist kein Grund, nicht voller Zuversicht zum zweiten Durchgang anzutreten.

Wolfgang Weber aus Köln hat es in den sechziger Jahren aller Welt vorgemacht.

Als Trainer möchte man natürlich bereits vor dem Spiel wissen, ob ein Spieler heute bereit ist, alles zu geben oder ob ihn irgendwas hemmt, das Letzte aus sich heraus zu holen. Wie machen die Trainer das? Woran erkennt der geübte Blick des an der Sporthochschule ausgebildeten Fußballlehrers die Kampfbereitschaft seines Spielers? »Schon an seinem Gang, wie er aus der Kabine tritt, sehe ich das«, meint Otto Rehhagel, »wenn einer eiert und mit dem Gleichgewicht Probleme hat, ist er für mich ein Wackelkandidat.« »Am Gesichtsausdruck«, glaubt Otmar Hitzfeld, »die Mimik ist verräterisch«. »Am Arsch«, sagt knapp Ernst Happel. Jeder Trainer kennt also andere Anzeichen, auf die er sich verlässt.

Wer es nicht schafft, sich bis zur letzten Minute zu quälen, wer aus Mutlosigkeit oder gar persönlicher Bequemlichkeit aufhört zu ackern und zu rackern, der muss sich das härteste Urteil gefallen lassen, das man über einen, der sich hängen lässt, sprechen kann. Trainer Jörg Berger, bereits vom Darmkrebs angefressen, hat es rigoros gefällt: »Resignation ist der Egoismus der Schwachen.« Ein Wort wie ein Hammerschlag! Dem westfälischen Schmied wird's gefallen.

»Maßgeblich is auffm Platz.« (Adi Preißler, Borussia Dortmund)

Auf dem Weg von der Proll-Kultur zur Hochkultur hat sich rund um den Fußball auch eine neue, feine Sprache gebildet, die unbedingt dazu gehört, wenn man nach oben will. Dass der Fußball nach oben will, hat die WM 2006 eindrucksvoll bewiesen. Ob Tanz oder Theater, ob Literatur, Malerei oder Bildende Künste, alle haben vor dem Fußball einen tiefen Diener gemacht. Der Prokurist Gottes auf Erden fand gediegene Worte für das einst so gemeine Spiel: »Fußball ist das Heraustreten aus dem versklavten Ernst des Alltags in den freien Ernst dessen, was nicht sein muss und deshalb so schön ist.« Papst Benedikt XVI. machte damit den Fußball zentralabiturtauglich. Für das bildungsbürgerliche Ohr sind die Anklänge an Immanuel Kant unüberhörbar. Das »Heraustreten des Menschen aus selbstverschuldeter Unmündigkeit« gilt als der Inbegriff von Emanzipation und Aufklärung. Wer heute den Fußballreportern zuhört, kann sich die Lektüre vieler Klassiker sparen, namentlich von Goethes »Faust«. Es wimmelt nur so von einschlägigen Zitaten. Unaufhörlich stellt man die »Gretchenfrage«, erkennt »des Pudels Kern« und jeder Wechsel eines Spielers zu einem Verein, der mehr Geld bietet als der alte geboten hat, wird faustisch kommentiert: »Zum Gelde drängt, am Gelde hängt doch alles.« Meist wird Goethe originell weiterentwickelt. »Da steht er nun in seinem Tor und ist so klug als wie zuvor«, muss sich Torhüter Jens Lehmann zurufen lassen, nachdem er bei einem harmlosen Roller ziemlich alt ausgesehen hat. Als Schlussmann Stefan Klos seinen Dortmundern das 1:1 gegen Schalke 04 gerettet hatte, wurde Fausts Erlösungs-Formel aus dem fünften Akt des zweiten Teils angestimmt: »Wer immer strebend sich bemüht, den können wir erlösen.« Selbstverständlich in kreativ abgewandelter und angemessener Form: »Wer immer fliegend sich bemüht, der bleibt am Schluss auch unbesiegt.« Die Sprache des Fußballs ist ein einziger VHS-Kurs auf dem zweiten Bildungsweg. Faustus und Mephistopheles bis in die Niederungen zwischen Ruhr und Emscher: »Grau, mein Freund, ist alle Theorie – und grün des Lebens goldner Baum«, in den Worten des gebürtigen Duisburgers Adi Preißlers: »Grau is alle Theorie, mein Schatz – maßgeblich is auffm Platz!«.

Auch die wissenschaftliche Sprache greift auf den Fußball über. Der Frankfurter Soziologe Gert Hortleder hat vor Jahren den Anfang gemacht: »Die intrinsisch motivierte Interaktion zwischen Beckenbauer und Müller verifizierte jene funktional-strukturelle Hypothese, der zufolge sich die Evidenz der Realität als Reduktion von Komplexität interpretieren lässt.« Da horcht der Wissenschaftsgläubige auf und sinkt in die Knie. In Deutschland geht vom Unverstandenen Autorität aus: Ich verstehe zwar kein Wort, aber was für ein kluger Mann muss der Hortleder sein! Das ist alte deutsche Tradition, aber keine gute. Schon Christian Morgenstern wusste, dass ein Arzt, der »Dreimal mal täglich Hände waschen« aufs Rezept schreibt, für plemplem erklärt wird, während die Patienten der Anweisung »Dreimal täglich Manulavanz« ehrfürchtig folgen.

Fußball ist ein einfacher Sport. Will er nach oben, muss er sich komplizierter machen als er ist, allein das verschafft Reputation und Feuilleton. Hortleder hätte ja auch schreiben können: »Nach einer Vorlage von Beckenbauer schoss Müller das spielentscheidende Tor.« Aber das hätte dem Fußballsport auf seinem ehrgeizigen Weg nach oben nicht weiter geholfen.

»Elf Freunde müsst ihr sein...« (Sammy Drechsel)

Wer beim PISA-Test besonders gut abschneidet, hat beim Fußballtest keine Chance. Wie sonst ist zu erklären, dass Finnland zwar 2000 den PISA-Test gewonnen hat, es aber weder 2002 noch 2006 und 2010 bis unter die 32 Mannschaften der WM-Endrunde geschafft hat? Bestätigt der Befund das alte Vorurteil, das heute zu einem Sinnspruch elitärer Spießer geworden ist: »Dumm kickt gut«? Früher war es ausgemachte Sache, dass für einen guten Fußballer die Volksschule genügt, wenn überhaupt. Hatte einer Mittlere Reife, galt er schon als »Intellektueller« und ein Abiturient wurde im Kickermilieu abschätzig »Professor« gerufen. Besonders auf Schalke pflegt man bis heute den Mythos, ein echter Fußballer müsse ein einfacher Junge sein. Wer die höhere Schule besuche statt unter Tage auf Kohle zu beißen, der sei für den Fußballsport schon verloren.

Aber zurück zu Finnland.

Vielleicht ist Finnland gar nicht das Musterländle, als das es uns von interessierter Seite eingeredet wird. Eine der höchsten Selbstmord-Raten Europas und eine beachtliche Schwerstalkoholiker-Quote sprechen nicht gerade für das Land. Außerdem machen die Finnen die primitivste Musik der Welt, wie die Band »Lordi« im European Song Contest bewiesen hat. Aber sie gewinnen Wettbewerbe damit, »Hard Rock Hallelujah!« Wettbewerbe des schlechten Geschmacks, wie sie bei uns täglich die BILD-Zeitung für sich entscheidet, denn 12 Millionen Leser können bekanntlich so wenig irren wie tausend Schmeißfliegen, die ein Häufchen Kacke zur Delikatesse machen. Vielleicht verhält es sich ja auch so mit der PISA-Studie: Das Schlechte wird ausgezeichnet, nicht das Gute, und das Ausgezeichnete wird uns unter dem englischen Namen »quality« als Spitzenklasse verkauft. Dass die Finnen im Fußball nicht dabei sind, wirft ein besonders bedenkliches Licht auf sie. Denn im Fußball gewinnt nicht selten auch der Schlechtere. Wie sonst hätte Deutschland dreimal Weltmeister werden können! Aber die Finnen scheinen noch schlechter als schlecht zu sein. – Lassen wir uns also nicht vom PISA-Test ins Bockshorn jagen. Machen wir lieber unseren eigenen Test.

Tests sind beliebt. Auch in den Stehplatzreservaten unserer modernen Arenen. »Bilde mal einen Satz mit Bochum, Köln und Saxofon!« – »Ein Hund *boch um* die Ecke, um zu pin*köln*, man konnt den *Sack so von* der Seite sehn.« Auch einfache Jungs haben sprachlichen Esprit! Hier also unser kleiner Sprachergänzungstest für die geneigten Leserinnen und Leser.

Auf geht's!

Bitte vervollständigen Sie folgende 7 Halbsätze!

1 Wenn man nicht aufs Tor schießt, ...
2 Wenn der Ball reingeht, ...
3 Wenn du denkst, es geht nichts mehr, ...
4 Wenn du schon nicht gewinnen kannst, ...
5 Wenn es einmal hart auf hart kommt, ...
6 Wenn du 0:2 hinten liegst, ...
7 Wenn sein Problem zwischen den Ohren liegt, ...

Leicht auszumalen, dass die total pisatauglichen Finnen komplett überfordert wären und nicht eine einzige korrekte Lösung fänden. Darum sind die folgenden Satzergänzungen auch hauptsächlich für finnische Fußballliebhaber gedacht. Den einheimischen Experten mögen sie lediglich zur Bestätigung ihres Fachwissens dienen.

Lösungen:

1 kann man auch kein Tor schießen. (Martin Driller)
2 dann isses ein Tor. (Andy Brehme)
3 kommt von irgendwo 'ne Flanke her. (Günter Netzer)

4 musst du aufpassen, dass du nicht verlierst. (Toni Polster)
5 kommt es meistens ganz hart. (Jens Jeremies)
6 kannst du nicht mehr 1:1 spielen. (Alexander Ristic)
7 dann ist es eine Sache des Kopfes. (Olaf Thon).

Zum Schluss aber doch noch eine kleine Kopfnuss für alle, die nichts als Fußball im Kopf haben. Sammy Drechsels berühmtes Buch von 1955 trägt den Titel »Elf Freunde müsst ihr sein ...«. Die drei Pünktchen deuten an, dass der Satz noch nicht zu Ende ist. Wie lautet seine Fortführung?

(Sammy Drechsels »Fußballroman für die Jugend« endet auf S. 263 mit dem Satz: »Elf Freunde müsst ihr sein, wenn ihr Siege wollt erringen!«)

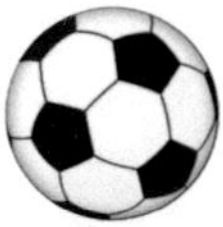

»Deutschland ist der geilste Club der Welt!« (Deutsche Länderspiel-Touristen)

»...sind des Glückes Unterpfand.« Kein Mensch spricht oder schreibt heute noch so. Aber Millionen singen es aus voller Kehle. Semantisch ist das Wort »Unterpfand« ebenso von gestern wie der Genitiv als Kasus. Ob man weiß, was man da singt? »Einig sein, gerecht und Freiheit sind dem Glück sein Unterschlupf«, meint Harry. Die Richtung stimmt. Und wie weiter? Harry entscheidet sich für die Bouillonwürfel-Variante von Sarah Connor: »Brüh im Lichte dieses Glanzes, brühe deutsches Vaterland!« Einig Deutschland Heißgetränk! Warum sollen es die Fans leichter haben als die Nationalspieler? Unsere Fußballer haben Jahrzehnte gebraucht, bis sie endlich die dritte Strophe auswendig konnten und zu singen wagten. Lassen wir den mühsamen Weg noch einmal vor unserem geistigen Auge Revue passieren:

Bei ihrer ersten Weltmeisterschaftsteilnahme nach dem Krieg, 1954 in der Schweiz, sangen die Spieler der deutschen Fußballnationalmannschaft beim Abspielen der Nationalhymne vereinzelt mit. Allerdings nur die erste Strophe, und davon nur die ersten beiden Zeilen. Einer soll, weil er es nicht besser wusste, das Horst-Wessel-Lied angestimmt und sich dabei fast in die Hose gemacht haben. Offenbar war Schlimmeres befürchtet worden, denn man lobte Trainer Herberger dafür, dass sich die Misstöne in Grenzen hielten.

Bei der Weltmeisterschaft 1974 in der Bundesrepublik Deutschland, »im eigenen Land«, wie die Faschos sagten, sang keiner auch nur einen Ton mit. Stattdessen kauten die Nationalspieler beim Abspielen der Nationalhymne Kaugummi. Man lobte Trainer Schön dafür, dass ein Bild unbekümmerter Lässigkeit verbreitet und dem neuen Image des »Swinging Germany« eine weitere Facette hinzugefügt wurde.

Bei der Weltmeisterschaft 1982 in Spanien regte sich beim Abspielen der Nationalhymne keine Miene. Es wurde weder mitgesungen noch Kaugummi gekaut. Man lobte Trainer Derwall dafür, dass er die unwürdige, an glupschäugiges Weidevieh erinnernde Kaugummimalmerei verboten und den Spielern ein ernstes, ja grimmiges Gesicht verordnet hatte.

Auf dem Wege zur Weltmeisterschaft 1986 in Mexiko erlebten wir daheim an den Bildschirmen, wie unsere Jungs ohne Ausnahme und ohne Rücksicht auf musikalisches Talent die dritte Strophe aus vollem Halse schmetterten. Man lobte Teamchef Beckenbauer dafür, dass die Nationalelf nun für alle ein Vorbild sei. Auch Italien-Legionär Rummenigge, Kapitän der deutschen Elf, bekannte sich zum neuen Patriotismus: »Der Sport, sag ich mal einfach so, ist nicht das einzigste, was man hat. Es gibt ja auch noch so was wie das Vaterland, wo man eine echte Zugehörigkeit spürt – ist meine Meinung.«

Bei der Vorbereitung auf die Weltmeisterschaft 1994 in der Dritten Welt des Fußballs, in den USA also, traten im ehedem so vorbildlichen Chorgesang unserer Nationalspieler erneut Misstöne auf. Deutschland war über Nacht neuvereinigt worden. Die Spieler aus dem »Beitrittsgebiet«, wie nun plötzlich die DDR hieß, mochten von ihrem »Auferstanden aus Ruinen« nicht lassen, während ihre westdeutschen Kollegen den inzwischen gewachsenen Überdruss an der dritten Strophe dadurch zum Ausdruck brachten, dass man eigenmächtig Umdichtungen vornahm. So ist Kapitän Matthäus wiederholt dabei ertappt worden, wie er mit fränkischer Inbrunst die Worte »Einigkeit und recht viel Freizeit« ins weite Stadionrund hinausposaunte.

»Damit die Richtung wieder stimmt«, wie er sich ausdrückte, gab Bundestrainer Hans-Hubert Vogts dem namhaften österreichischen Schnulzisten Udo J. Gockelmann den Auftrag, ein neues Lied zu schaffen, das herkömmlichen Nationalstolz und zeitgenössische Geldgebebedürfnisse auf harmonische Weise miteinander verbindet. Erfolgskomponist Gockelmann löste die Aufgabe, indem er Joseph Haydns alte Melodie beibehielt, den Text des Mannes aus Fallersleben jedoch radikal entkernte und in ein hymnisches Sponsoren-Who-is-Who verwandelte.

Seitdem haben wir eine Alternative zu der Hymne auf »des Glückes Unterpfand«.

Es wird Zeit, dass sie endlich gesungen wird! Sagt auch die FDP.

Hier ist sie:

Adidas und Zeiss und Pfanni
Für das deutsche Fußballspiel.
Daimler lässt uns alle strahlen,
BIT-Bier macht das Hirn mobil.
Adidas und Zeiss und Pfanni
Und Langnese-Eis am Stiel,
Müller-Milch und Asbach-Uralt:
Blühe deutsches Fußballspiel!

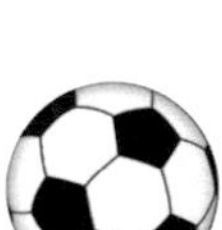

»Die Stuttgarter massieren sich im hinteren Teil der eigenen Hälfte.« (Sabine Töpperwien, WDR)

Wir leben in der Epoche der Männerdämmerung. Immer mehr Frauen erobern alteingesessene Macker-Domänen. Frau Merkel in Berlin ist der vorläufige Höhepunkt. Die politischen Nachrichten-, Magazin- und Talkshow-Sendungen liegen schon seit geraumer Zeit fest in Frauenhand. Solange sich der Erfolg der Frauen auf die Politik beschränkt, bleiben wir Männer ruhig. In der Politik regieren ohnehin andere. Politik ist der Freiraum, den die Wirtschaft ihr lässt. Und in der Wirtschaft haben die Hodentiere nach wie vor das Sagen.

Aber unsere Geduld stößt an eine natürliche Grenze, wenn Frauen mehr und mehr die Fußballberichterstattung in Funk und Fernsehen übernehmen. Jetzt heißt es: aufpassen und die Latte höher legen!

Der feminine Ansturm auf den Fußballreporter-Job ist gewaltig. Darum werden unsere beiden großen Fernsehanstalten in absehbarer Zeit einen Kompetenz- und Wesens-Test einführen, um aus der Großzahl der weiblichen Bewerbungen besser die Spreu vom Weizen trennen zu können. Eine dem Unterhaltungskünstler D. Bohlen nahestehende Agentur hat im Auftrag von ARD und ZDF eine spezielle Prüfung erarbeitet. Wir stellen das unter Insidern »Zicken-Check« genannte Werk hier erstmals in wenigen Auszügen vor.

Im Kompetenz-Teil des Tests wird das Wissen, im Wesens-Teil wird der Charakter der Kandidatinnen auf Herz und Nieren geprüft. Gute Fußballreporterinnen müssen nicht nur wissensgesättigt wie Marcel Reif sein, sondern auch schussfest wie Werner Hansch, der Deutsch-Drahthaar unter den Berichterstattern.

Schauen wir uns aus beiden Teilen der Prüfung die jeweils erste Aufgabe an.

Kompetenz-Test, Aufgabe 1

»Durch ein Handspiel des gegnerischen Torhüters im Siebzehnmeterraum erhielt Schalke 05 einen Zwölfmeter zugesprochen.«

> a) Analysieren Sie die Aussage!
> b) Korrigieren Sie die Aussage!

Aus dem »Manual Musterantworten«, das den Auswahlausschuss-Mitgliedern an die Hand gegeben wird, entnehmen wir folgende richtige Antworten:

> a) Analyse: Die Aussage enthält eine inkorrekte Standardabweichung von plus Eins: 17 statt 16, 05 statt 04, 12 statt 11. Außerdem ist ein Handspiel des Torhüters im Strafraum u. U. freistoßwürdig, aber niemals strafstoßreif.
> b) Korrektur: »Durch ein Handspiel des gegnerischen Torhüters im Sechzehnmeterraum erhielt Schalke 04 keinen Elfmeter zugesprochen.«

Wesens-Test, Aufgabe 1

Sie befinden sich mitten im Getümmel des Stadion-

Innenraums, unmittelbar nach einer Bundesliga-Partie. Sie sind Reporterin des Südhessischen Rundfunks und neben Ihnen steht der schweißdampfende und nur dürftig bekleidete Spieler Basler. Noch bevor Sie Ihre erste Frage gestellt haben, nimmt Ihnen Basler das Mikro aus der Hand und sagt: »Ich finde, Frauen haben in der Fußballreportage nix verloren! Eine Fußballreporterin ist für mich wie eine Henne, die den Hahn spielen will. Fußball ist immer noch ein Männersport und kein Bettgeflüster!« – Wie reagieren Sie? Bitte kreuzen Sie eine der drei nachfolgenden Antworten an:

a) »Mit Verlaub, Sie sind ein Arschloch, Herr Basler!«
b) »Sie meinen also, Frauen sollten nur für die Sportarten zuständig sein, die im Bett ausgetragen werden?«
c) »Vielen Dank, Herr Quassler -äh, Entschuldigung, Basler! Nachdem Sie von Ihrer Meinungsfreiheit Gebrauch gemacht haben, kommen wir nun zum nächsten Spiel.«
Was sagt das »Manual Musterantworten«?
a) Ihnen fehlt die emotionale Disziplin. Angriff wird mit Gegenangriff beantwortet. Damit gießen Sie Öl ins Feuer. – Note: mangelhaft.
b) Zu rasches Einknicken vor der Wucht der Behauptung. Sie besitzen keine Nehmer-Qualitäten. Mit dieser Frage wird ein doppelt unsinniges Gespräch angezettelt: Sie wollen es nicht führen und der Medienkunde will es nicht hören. – Note: ungenügend.

c) Die Dankesformel am Anfang ist wichtig. Immer höflich bleiben! Die Entschuldigung für die als Versprecher getarnte Namensverbalhornung: gekonnt! Ohne auf den Sachverhalt einzugehen, leiten Sie zum nächsten Thema über. Das ist souverän. – Note: sehr gut.

Es kann nicht verkehrt sein, auf Kompetenz und Persönlichkeit zu achten, bevor man Frauen ans Sportschau-Mikro lässt. Da stimmen wir ausnahmsweise mit Eva Herman und L. Ron Hubbard überein!

»Fußball ist viel mehr Sprache als Spiel.« *(Walter Jens, Rhetorik-Professor)*

1969 veröffentlichte Georges Perec den Roman »La Disparition«, der 1986 unter dem Titel »Anton Voyls' Fortgang« auf Deutsch erschien. In dem über 200 Seiten starken Buch kommt der Buchstabe e nicht vor, obwohl das e in der französischen wie in der deutschen Sprache der häufigst verwendete Buchstabe ist. »Lipogramm« nennt man einen Text, in dem auf die Verwendung eines oder mehrerer

Buchstaben des Alphabets bewusst verzichtet wird.

»Nach Willis glücklichem Netzroller nickte Nicu eine scharf hereingegebene Ecke wuchtig ein, bevor Sackewitz zehn Minuten vor Schluss den Sack endgültig zumachte.« Auch eine Art Lipogramm. Hier werden drei Tore geschildert, ohne das Wort »Tor« zu erwähnen. Wir wissen sogar den genauen Torstand: 3:0. Denn den »Sack macht nicht zu«, wer ein drittes Tor auf ein 2:2 aufsattelt, den »Sack macht erst zu«, wer ein 2:0 in der 80. Minute weiter ausbaut. Würde das auch ein Außenstehender verstehen, der keine Ahnung von Fußball hat: »Nach Willis glücklichem Netzroller nickte Nicu eine scharf hereingegebene Ecke wuchtig ein, bevor Sackewitz zehn Minuten vor Schluss den Sack endgültig zumachte«? Wer kein spezifisches Verständnis von »Netzroller«, »einnicken« und »scharf hereingegebenen Ecken« hat, versteht nur Bahnhof. Und stolpert sogleich in die nächste Verlegenheit: »Störche ziehen Löwen die Beine lang«. Kein Märchen ist so kühn, dass es die Natur derart auf den Kopf zu stellen wagte. Hier wird berichtet, dass Holstein Kiel (»Störche«) gegen Eintracht Braunschweig (»Löwen«) gewonnen hat.

Fußball ist viel mehr Sprache als Spiel. Über die Jahre haben sich eine eigene Fachsprache und ein eigener Jargon herausgebildet. Die deutsche Sprache als Fußballsprache hat den Nachteil, oft viel umständlicher zu sein als das Fußballspiel. Daher haben es deutsche Reporter oft schwer, mit den Wörtern auf Ballhöhe zu bleiben. Ein Tor schießt man, ein Tor erzielt man, ein Tor macht man, heißt es bei uns. Warum gibt es kein Verb dafür? Der Engländer kann kurz und bündig »scoren«, aber der Deutsche kann nicht »toren«

Sprachwissenschaftler unterscheiden Spielsprache, Positionssprache und Tabellensprache beim Fußball. Zur Spielsprache gehört, dass man dribbelt, grätscht und flankt, volley abnimmt und vollspann einnetzt. Wen oder was einnetzt? Natürlich die »Pille«. Zur Positionssprache gehören der freie Mann und der letzte Mann, die Flügelzange, der Staubsauger vor der Abwehr, die Mittelfeldraute und die hängende Spitze. Die Tabellensprache lebt vom oben und unten, hinten und vorn, also von den vier Himmelsrichtungen des Fußballs. Erst klettert man an die Spitze, dann folgt der freie Fall in den Keller. Zwischen Höhenflug und Abstiegsstrudel ist die graue Maus zu Haus.

Als Verteidiger Gans im letzten Moment Henry Fuchs das Leder vom Stiefel spitzelte, textete der Sportteil der Tageszeitung: »Gans hat Fuchs die Chance gestohlen«. Eine herrliche, weil so märchenhafte Formulierung! Natürlich ist die Fußballsprache ein vitales Lebewesen, das täglich für neue Überraschungen sorgt. Als Rafael van der Vaart zum Liebling der Hamburger Fans aufstieg, wurde die Autobahnausfahrt zum Hamburger Stadion in »Ausvaart« umbenannt. Kaum hatte der Spieler Wechselgelüste zum FC Valencia geäußert, tauften ihn die Fans »van der Verrat«. So geht es immer weiter. Was im Fußball passiert, will auch ausdrucksstark formuliert sein, damit es haften bleibt. Der Präsident meines Lieblingsvereins gibt sich gerne zupackend und knorrig. Er verpflichte nur Spieler, die ganze Kerle sind, wollte er der Presse mitteilen und fand dafür die markante Formulierung: »Wir brauchen Typen, die ins Gras beißen, auch wenn es nass ist!« Der Grasbeißer ist natürlich aus ganz anderem Holz geschnitzt als der »Schwalbenkönig«. Der artistische Kunstflug nach leichter Körperberührung im gegnerischen Strafraum wird seit langem »Schwalbe« genannt. Jetzt ist die »Schutzschwalbe« hinzugekommen. Wer sich vorsorglich fallen lässt, bevor der Gegner überhaupt eine Chance hat ihn zu berühren, begeht eine gesundheitspolitisch durchaus wünschenswerte »Schutzschwalbe«, die jedoch mit Gelb bestraft wird. Und da ist ja noch Trapattoni, der immer dafür sorgt, dass unser schönes Deutsch nicht zur toten Sprache verkommt: »Fußball ist schnell nach vorn spielen und dann machen Tor: Pitta-Bimm, Pitta-Bimm, Pitta-Bumm!«

»Sinnloser als Fußball, wie Freund Walser sagt, ist nur noch eins: Reden über Fußball.« (Siegfried Lenz, Schriftsteller)

Vom Fußballspiel wissen wir, dass es 90 Minuten dauert. Das Gerede über Fußball dauert viel länger. Es nimmt gar kein Ende. In Italien hat dieses Phänomen zu einem eigenen Namen geführt: »calcio parlato«. Der »gesprochene Fußball« ist nicht weniger wichtig als der gespielte, der »calcio giocato«. »Stundenlang wird hier in TV- und Radiosendungen über Elfmeter oder nicht, Freistoß oder nicht, Gelb-Rot oder nicht diskutiert«, sagt Clarence Seedorf vom AC Mailand. »Alle reden durcheinander und gehen sich fast an den Kragen.« Seedorf mag das nicht. Er findet, dass der calcio parlato den Fußball »kaputt zerredet«. Gibt es in Deutschland das Phänomen des calcio parlato ebenfalls? Jedenfalls viel weniger ausgeprägt als in Italien. Wir haben keine einzige Tageszeitung, die nur über Sport berichtet. In Italien gibt es davon drei, »La Gazzetta dello Sport« ist die auflagenstärkste. Dafür ist bei uns die Soccerisierung der öffentlichen Sprache unüberhörbar. Aber fangen wir von vorne an.

Als der Braunschweiger Lehrer und Altphilologe Konrad Koch in den 1870er-Jahren den Fußball aus England nach Deutschland brachte, hatte er diverse »Akzeptanzprobleme«, wie man im coolen Jargon der Gegenwart sagen würde. Niemand hört es gern, wenn er für eine neue »Volksseuche«, die man »englische Krankheit« nannte, verantwortlich gemacht wird. Genau das aber hielt die kaisertreue Lobby der deutschen Turnväter dem fortschrittlichen Braunschweiger Lehrer vor. In Deutschland gab es für den neuen Sport, die beargwöhnte »Fußlümmelei«, nicht einmal eine Sprache. Wir merken es noch heute, wenn wir das Treiben der Fußballer als »kicken«, »dribbeln« und »foulen« bezeichnen. Hier hat man die englischen Wörter einfach eingedeutscht. Konrad Koch betätigte sich auch als Dolmetscher. Aus dem »goal« wurde zuerst ein »Mal«, dann ein »Tor«; der »right wing« wurde zum »Rechsaußen«, der »centre forward« zum »Mittelstürmer« und die »penalty area« zum »Strafraum«. Heute denkt kein Kind mehr an Handschellen und Gefängniszelle, wenn es »Strafraum« hört. Heute ist der Fußball keine Seuche mehr, dafür aber die Fußballsprache im übertragenen Gebrauch. Selbst Gottesdienste »beginnen« nicht mehr einfach, sie werden »angepfiffen«. Aus dem Introitus der Heiligen Messe ist ein profaner »Anstoß« geworden. Auf wissenschaftlichen Kongressen »spielt man sich gegenseitig die Bälle zu«, traktiert sich mit »geistigen Volleyschüssen«, lässt die Kollegen »ins Abseits laufen« und entblödet sich nicht, ans Ende seines Referates ein trapattonisches »Habe fertig« zu setzen. Aus einer »historischen Übersicht« wird ein »Dribbling durch Daten und Fakten der Vergangenheit«. In einer Kochsendung des Fernsehens werden über Töpfe und Pfannen hinweg »kulinarische Flanken geschlagen«. Ermahnt der Bundestagspräsident einen Abgeordneten, sich im Ton zu mäßigen, zeigt er ihm die »Gelbe Karte«. Ein Artikel zum Regierungsstil der Bundeskanzlerin trägt die Überschrift »Kick it like Merkel«. – Das Metaphern-Reservoir des Fußballsports ist zum Farbeimer unserer öffentlichen Sprache geworden.

Das erscheint uns neu und für unsere Zeit typisch. Aber Vorsicht! Der tschechische Autor Eduard Bass lässt in seiner 1922 erschienen Fußball-Erzählung » Klapperzahns Wunderelf« den neuen englischen König, den wir zuvor als fußballvernarrten Prinzen kennen gelernt haben, seine Antrittsrede ganz und gar in den Metaphern der Fußballsprache halten. Stefan Zwicker hält das Buch für »eines der ersten Werke der Weltliteratur, das sich mit dem Thema Fußball befasst«. Einige Auszüge aus der Thronrede des englischen Königs:

»An meine Völker! – Im Begriffe, den feierlichen Anstoß ruhmreich durchzuführen, wollen wir heute unser Volk an die Regeln erinnern, nach denen wir uns im Spiel richten werden. Es ist Englands ruhmreiche Tradition, dass es sich immer gehütet hat, Abseits zu stehen. ... Wir versprechen, dass wir nicht Foul spielen und unsere Nation nicht der Gefahr eines kriegerischen Elfmeters aussetzen wollen. ... Wir wollen immer dafür sorgen, dass unter allen Einwohnern ein harmonisches Zusammenspiel herrscht und geben dem Kurzpaßspiel den Vorzug vor dem abenteuerlichen System eines kick and rush. ... Dazu helfe uns Gott! Hipp, hipp, hurra!«

Die Soccerisierung der öffentlichen Sprache ist also keineswegs neu, sondern weit über 80 Jahre alt und hat den Segen »von ganz oben«!

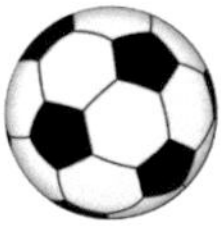

»In der 73. Minute ging automatisch der Hosenknopf auf, und Rot kam zum Vorschein.« (Schiedsrichter Schmitthuber, Ottobrunn)

Dass der Mann vom Hund abstammt, ist an vielem zu erkennen, auch daran, dass er für bestimmte Verrichtungen profaner Art Bäume aufsucht. Fehlt es an Bäumen, gibt er sich mit Baumersatz zufrieden, wie Hunde es auch tun, die in solchen Fällen Herrchens oder Frauchens Beine ansteuern, um daran eines der ihren zu heben.

Auch Fußballer sind nur Menschen, die vom Hund abstammen. Auch Fußballer kennen diese unerträgliche Beschwerlichkeit des Seins, die einen sogar mitten im Spielgeschehen heimsuchen kann. Dieser grässliche Druck im Unterleib, dieses spitzbeinig machende Atü-Gefühl, das einem gebietet, auf der Stelle pinkeln zu müssen, andernfalls könne man für rein gar nichts mehr garantieren. In der Begegnung zwischen Traktor Werneuchen und HuG Biesenthal – HuG steht für »Horch und Guck« – ereilte Zugführer Walter Müller, Werneuchens Sechser im defensiven Mittelfeld, dieses wenig beneidenswerte Schicksal. In der 71. Minute des Meisterschaftsspiels um den Kreisligaerhalt blieb er nach einem erfolglosen Angriff seines Kollektivs, bei dem er sich ausnahmsweise einmal ganz nach vorne bewegt hatte, unschlüssig zwischen Eckfahne und Tor stehen, um sich dann vor großer Kulisse und gegen erheblichem Widerstand des Gästetorwarts für den linken Pfosten des gegnerischen Gehäuses zu entscheiden, also für den größeren und stabileren der beiden Ersatzbäume. Nun hieß es: Wasser marsch! Allerdings währte das angenehme Gefühl der Erleichterung nur kurz. Denn im Rücken des Wildpinklers hatte sich der Genosse Schiedsrichter aufgebaut, um dem Genossen Zugführer die Rote Karte zu zeigen. Das Notdurftopfer war für einen kurzen Moment fassungslos. Schließlich lebte man im Sozialismus und das Wort Solidarität wurde großgeschrieben. Dann berappelte sich »W-Punkt« Müller und schnappte dem Schwarzen Mann den roten Karton aus der hoch erhobenen rechten Flosse, riss die Pappe kurz und klein, stopfte sie in den Mund, der sich in der schieren Aufregung zum angsteinflößenden Wolfsmaul verzerrt hatte, und würgte den Platzverweis mit gefährlich verdrehten Augen in sich hinein. Mitspieler wollen gehört haben, dass er dabei die Losung des 20. Parteitages vor sich hin genuschelt habe: »Das In-sich-Bringen ist die intensivste Form des An-sich-Bringens.« Die Fassungslosigkeit bemächtigte sich nun des Unparteiischen, eines braven Melkers im volkseigenen Betrieb »Muh und Kuh«. Er war mit seinem Latein am Ende. In allerhöchster Not hatte ihn, den ehrenamtlichen und furchtlosen Pfeifenmann, der große Weltfußballverband im Stich gelassen. Denn der Verzehr Roter Karten ist in den FIFA-Statuten nicht vorgesehen und daher auch nicht geregelt. Jedenfalls konnte sich der Schiri an keinen Passus erinnern, der den widernatürlichen Mundraub gesetzlicher Ordnungsmittel behandelt. Von daher kann man gut verstehen, dass der Regelhüter kurzen Prozess machte und die Partie in der 74. Minute mit drei schnellen Pfiffen für beendet erklärte. Freilich um den Preis, dass er nun selbst, statt Zugführer Walter Müller, in den Mittelpunkt des öffentlichen Interesses geriet. Das heißt, um genau zu sein, mehr als ihn selbst zog man seine am Umkleidehäuschen geparkte »Fluchtpappe« in Mitleidenschaft. Ein Fahrzeug, das offiziell »Trabant« hieß und Kummer gewöhnt war.

Wer im übrigen glaubt, die Unsitte, sein Wasser während des laufenden Spiels an Torpfosten oder Eckfahne abzuschlagen, sei allein ein Phänomen unterster Spielklassen, die dem proletarischen Ursprung des Fußballs noch näher stehen als die millionenschweren Profis in der Top-Liga, der täuscht sich. Der berühmteste Wildpinkler dürfte der spanische Olympia-Auswahlspieler David Billabona sein, der es in der Primera Division vor immerhin Zehntausenden von Zuschauern getan hat. 1992 war's, im Spiel Bilbao gegen Cadiz.

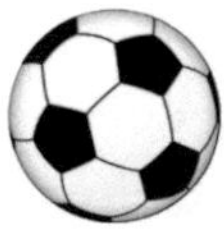

»Zu viel Intelligenz lähmt die Beine.« (Helmut Schön, Bundestrainer)

Der Vierzehnjährige, von Statur und Aussehen ein Riesenbaby, hat gerade sein Abitur gemacht. Notendurchschnitt Einskommanull. Er gilt als hochbegabt. Seine Eltern sagen: »schwerstbegabt«. Sie wissen gar nicht, woher er das hat. Sie nennen sich »einfache Leute«. Als ihr Sohn vor den laufenden Kameras von Günter Jauch die Frage: »Weißt Du, wer Rudi Völler ist?« beantworten soll, muss er passen. »Weiß nicht«, sagt er halblaut und achselzuckend. Das Publikum gerät aus dem Häuschen. Man klatscht länger und lauter als üblich, weil man intuitiv spürt: Das ist der Beweis. Er ist wirklich hochbegabt, denn er weiß nichts über Fußball.

Die Exzellenz-Universität Tübingen nimmt das junge Genie zum Sommersemester 2006 in ihr Studium Generale auf. Aus gegebenem Anlass hat man für dieses »WM-Semester«, wie der ASTA es nennt, ein außergewöhnlich hochkarätiges Vorlesungsangebot zusammengestellt, über das der Ministerpräsident des Landes Baden-Württemberg seine schützende Hand als Schirmherr hält.

Für die Königsdisziplin, die Philosophie, spricht Prof. Dr. Rainer Paris (Berlin, Freie Universität) zu dem Thema: »Der Satz ›Der Ball ist rund‹ hat eine gewisse philosophische Tiefe«.

Prof. Dr. Gunter Gebauer (ebenfalls Berlin, Humboldt Universität) vertrittt die Kulturwissenschaften: »Der glückliche Augenblick – Zur die Rolle des »Kairós« im agonalen Fußballspiel«.

»War Niklas Luhmann ein insgeheimer Herberger-Schüler?« Das fragt sich der Soziologe Prof. Dr. Hartmut Esser (Mannheim) in seiner Vorlesung »Der Doppelpass als soziales System«.

Für die Publizistik- und Kommunikationswissenschaft erörtert Emeritus Prof. Dr. Klaus Merten (Münster) den Skandal um die Sportmoderatorin Carmen Thomas: »Schalke 05 – Folgen eines lapsus linguae im Zweiten Deutschen Fernsehen«.

Der Theologe Prof. Dr. Josef Rauscher (Mainz) widmet sich der Frage: »Gott als Synthese von Ball und Kopf – Theodizee oder Blasphemie?«

Der bekannt schwierige Prof. Dr. Rudolf Heinz (Düsseldorf) gibt einen Einblick in die psychosomatische Medizin: »Logik und Inzest: Das Selbsttor im Fußball aus pathogenetischer Sicht«.

Die ästhetische Theorie wird von Prof. Dr. Klaus Theweleit (Karlsruhe) vertreten: »Der tödliche Pass – Epiphanien der Schönheit im Zusammenspiel«.

Schließlich, last but not least, die Literaturwissenschaft. Prof. Dr. B. C. Tucker (Birmingham) spricht zum Thema »Die Angst des Tormanns beim Elfmeter – Das Fußballspiel im Spiegel der deutschen Gegenwartsliteratur«.

Unser frühreifes Genie ist geschockt.

Der Junge findet sich in eine Wissenswelt versetzt, von der er keinen blassen Schimmer hat. In seiner schieren Verzweiflung fällt er ausgerechnet beim Vortrag von Prof. Dr. Heinz auf den Status eines Dreijährigen zurück und unterbricht die gesamte Veranstaltung mit lautstarken »Mama, Mama, nach Haus, nach Haus!« – Rufen.

Seither ist der inzwischen Fünfzehnjährige Insasse der Diakonie in Düsseldorf-Grafenberg.

Der Beweis, dass Fußball verrückt machen kann, gilt im übrigen als erbracht.

»Fußball ist ein Spiel mit Fehlern.« (Johan Cruyff)

Alle Welt ruft nach dem perfekten Fußballspiel. Die Ballbehandlung verbessern, die Spielzüge automatisieren, Fehler minimieren, Fitness optimieren. Man will die Mannschaft zu einer Spielmaschine machen, zu einem Motor, der exakt taktet und niemals stottert. Jeder Kicker ein gut geölter Zahn im reibungslosen Zahnradgetriebe von Abwehr, Mittelfeld und Angriff. Der Ball soll wie von der Schnur gezogen durch die Reihen laufen bis der Knipser nur noch den Fuß hinzuhalten braucht, um die Pille einzunetzen. – Das ist Robotomanie. Keiner will ein perfektes Fußballspiel sehen, behaupte ich, weil niemand sich langweilen will.

Das perfekte Fußballspiel hat einen großen Nachteil. Ihm fehlt etwas. »Ein gewisser Mangel an Unordnung«, hat der kluge Biermann das Manko benannt. Das anarchische Element fehlt, das Unberechenbare, das jedes Schema sprengt und alles Viervierzwei- oder Vierdreidrei-Gerede zu Makulatur macht. Genau das bringt doch den Thrill, der unseren Puls in medizinisch prekäre Dimensionen treibt.

So wenig, wie wir Fans das perfekte Spiel wünschen, wollen wir den perfekten Spielleiter. Der Schiri, der alles sieht und alles richtig bewertet, ist doch zum Kotzen langweilig. Viel besser gefällt uns der blinde Pfeifenaugust, dem man am besten eine gelbe Binde mit drei dicken schwarzen Punkten um den linken Arm gelegt hätte. Und der nach dem Spiel nur dann eine Chance hat, Frau und Kinder wiederzusehen, wenn er die Arena securitygeschützt über den Hinterausgang verlässt.

Jedes gute Spiel, das mehr als gut, also hinreißend und unvergesslich sein will, muss uns Zuschauern genug Raum lassen, um uns überlegen fühlen zu dürfen, ansonsten würden wir ja in eine quasi-tote Anbetungsstarre gegenüber den Unfehlbaren da unten auf dem grünen Rechteck verfallen.

Lieben wir Fans das perfekte Wetter? Nein, auch das nicht. Viel lieber sehen wir die unkontrollierbaren Rutschpartien auf einer aufgeweichten, glitschigen Wiese. Leider haben uns die Rasenheizungen das Vergnügen an den Schneespielen mit dem roten Ball genommen. Aber die Hoffnung auf herbstliche Nebelpartien bleibt nach wie vor, bei denen uns Kurvenstehern der gegenüberliegende Kasten wie ein in der Milchsuppe schwimmendes Moniereisen erscheint und ein Tor erst dann bejubelt wird, wenn der Lautsprecher es mit erheblicher Verzögerung meldet, ohne den Schützen nennen zu können. Keine noch so »hochauflösende« Fernsehkamera kann uns für dieses geile Suboptimum entschädigen!

Mögen wir eingefleischten Fußballfreunde eigentlich das friedlich-faire Fußballspiel? Das Eiapopeia mit dem Gegner? Nein, solche Gähn-Spiele können uns gestohlen bleiben. Auch hier sind wir anti-perfektionistisch eingestellt. Viel lieber sehen wir es, wenn die Spieler gelegentlich aneinander geraten und sich eine kleine Schlägerei liefern, bei der auch Blut fließen darf, »so dass Farbe in die Partie kommt«, wie die Freunde des Kalauers sagen. Da sind wir uns ganz einig mit Nick Hornby, für den Raufereien unter Fußballern »eine wunderschöne Besonderheit« sind. Er vergleicht sie mit einer »Dachterrasse oder einem offenen Kamin« bei sich zu Hause. Man gönnt sich ja sonst nichts!

Wir sind eben Fans und alles andere als perfekt, gerecht, neutral. Fanatiker eben, wie schon der Name sagt. »Liebestoller«, »Typhuskranker« und »Zigarrenroller« heißen wir in anderen Weltsprachen. Oder auf echt: »aficionado« in Spanien, in Italien »tifioso« und in Brasilien »torcedor«. Kein Fan dieser Welt wird für die totale Perfektion sein, weil er sich den Spaß am Spiel nicht verderben lassen will. Und »Kloppo« Klopp hat recht: »Die einzige Daseinsberechtigung für Fußball ist doch das Interesse der Leute, und dem sollte man gerecht werden.«

»Vom Königsblau zum Gazprom-Bleu, im Fußball regiert nur noch eine Farbe: die Farbe des Geldes.« (Klaus Flemming, Kunsthistoriker)

Vor nicht allzu langer Zeit ist gegen erheblichen Widerstand das Dortmunder Westfalenstadion in »Signal-Iduna-Park« umbenannt worden. Für zunächst sechs Jahre und 20 Millionen Euro, wie man hört. Nur ein einziges Mal hat bisher der Widerstand gesiegt. Dank der von Fritz Teufel jr. organisierten Stadt- & Spaß-Guerilla konnte in München die »Liqui-Molly-Arena« verhindert werden. Dafür hat man die »Allianz-Arena« bekommen. Mehr ein Pyrrhus-Sieg als ein echter Erfolg.

Obgleich die erste beziehungsweise zweite Phase noch nicht abgeschlossen ist, möchte das Reporterschandmaul Hävelmann schon jetzt eine weitere Runde in der großen Umbenennungswelle einläuten. Das antike »Rheinstadion« und die jetzige »LTU-Arena« will er erneut umtaufen und »Autohaus-Becker-zweimal-in-Düsseldorf-einmal-in-Ratingen-und-Mettmann-Stadion« nennen. Um eine wichtige Kundeninformation zu transportieren, wie er begründet. Wetten, dass bald die Feministinnen um Alice Schwarzer ihren alten Vorschlag, der seinerzeit von Bundespräsident Rau unterstützt wurde, wieder aus der Mottenkiste ziehen und für eine Umbenennung der vormaligen Arena »Auf-Schalke« und jetzigen »Veltins-Arena« in »Ernst-Kuzorra-seine-Frau-ihr-Stadion« plädieren! Das wäre dann der dritte Name in sechs Jahren. Bleibt da noch Luft, sich mit der Immobilie zu identifizieren? Im übrigen: Wäre es nicht an der Zeit, die angesehene Marke »Schalke« vom hässlichen Nest Gelsenkirchen komplett zu lösen? Und danach Ausschau zu halten, wo in aller Welt für unvorstellbar viel Geld ein attraktives »Home Team« gesucht wird? Hong Kong hat derzeit Bedarf, wie aus Fernost gemeldet wird. Einst haben die Polacken Schalke groß gemacht, warum sollte heute Schalke nicht die Chinesen groß machen!

Aber zurück zu den Hausaufgaben vor Ort. Die Vermarktung des Fußballs geht ins Detail. Längst haben die Himmelsrichtungen als Orientierungs- und Weg-Marken ausgedient. Statt auf der West-Tribüne nehmen wir heute auf der »Sparkassen-Tribüne« Platz. Die Fans versammeln sich im »König-Pilsener-Segment« statt wie früher in der Nord-Kurve. Die Nachricht über den Stadionlautsprecher, dass heute 30.467 Zuschauer dem Spiel beiwohnen, verdanken wir »der freundlichen Unterstützung durch die Spedition Guckuck: ob nah, ob fern – immer gern!« Die Vermarktung der Torgehäuse ist als nächstes an der Reihe. »Air-Berlin-Tor« und »Daihatsu-Kasten« stehen sich gegenüber. Die Werberechte für die vier Eckfahnen gehen an »Hanuta«, »Mövenpick«, »Nutella« und die »Fruchtzwerge«. Beide Elfmeterpunkte werden einer Golfbälle produzierenden Firma in Nordhorn zur eigennützigen Verwendung überlassen.

Damit sind die Potentiale noch längst nicht erschöpft. Ein Blick auf die beliebten Nachbarsportarten Handball und Eishockey genügt für weitere Anregungen: Die Spielflächen, Eis und Parkett, sind voller Werbebotschaften. Nur das Fußballfeld ist bis dato eine textfreie Zone, »heiliger Rasen«, wie die Nostalgiker sagen, »beschämend nackt«, wie die Marketingleute antworten. Wie viele nützliche Kundeninformationen ließen sich auf einem Hektar Kunstrasen unverwüstlich unterbringen. »Teppichriesen«, aufgewacht und Druck gemacht!

Wie man sieht, genügt ein wenig Nachdenken schon, um zu erkennen, wo überall unausgeschöpfte Ressourcen liegen, wo überall unser geliebter Fußball noch zu optimieren ist. Natürlich müssen wir Fans Opfer bringen. Aber das tun wir heute schon. Schon heute verstellen mir, wenn ich in meinem Stehplatzreservat hinterm Tor stehe, die Werbebanden den Blick auf die Torlinie. Aber das dient ja dem wirtschaftlichen Wohlergehen meines Vereins. Schließlich spielen Dada und Bubu bei uns, und die spielen nicht für ein Butterbrot. Darum nehme ich die Einschränkung gerne in Kauf. Ich bin nichts, mein Verein ist alles!

Die Tore schaue ich mir dann abends im »Sportstudio« an. »Mit freundlicher Unterstützung von VW Passat.«

»Wer anderen ein Bein stellt, macht sich dabei immer auch die Hände schmutzig.« (Erich Ribbeck)

Vor dem Heimspiel gegen den auswärtsschwachen Tabellenletzten warnt Torjäger Olaf Marschall: »Wir dürfen den Gegner nicht übers Knie brechen!« Er will uns sagen, dass man geduldig und hochkonzentriert ins Spiel gehen müsse und nicht mit der Einstellung, schon in der ersten halben Stunde alles klar machen zu wollen, um dann die Partie mit halber Kraft nach Hause zu schaukeln. In der Rhetorik-Schule für Vollprofis hat Olaf Marschall gelernt, nicht nur grammatikalisch korrekt zu sprechen, sondern auch interessant und bildreich zu sein. »Etwas übers Knie brechen« bedeutet bei uns so viel wie »etwas übereilt erledigen«. Genau davor warnt Olaf M.: Wer glaubt, den Tabellenletzten übers Knie brechen zu können, nimmt ihn auf die leichte Schulter und steht am Ende womöglich mit leeren Händen da: Knie, Schulter, Hände – anschaulich formulieren, heißt mit Händen und Füßen reden.

Das Risiko des bildhaften Sprechens ist der Bildbruch. Wer vom »Zahn der Zeit, der an uns allen nagt«, behauptet, er habe »schon manche Träne getrocknet«, der begeht einen solchen Bildbruch, obwohl wir mühelos verstehen, was gemeint ist: Die Zeit heilt alle Wunden. Bildbrüche sind bei Fußballern besonders beliebt. Sie sind die Fettnäpfchen, in die sie gerne treten und von denen eine parasitäre Publizistik lebt. »Ich habe meine Finger immer nur in Wunden gelegt, die sonst unter den Teppich gekehrt worden wären«, behauptet Paul Breitner, der selbsternannte Chef-Ankläger des deutschen Fußball-Business. Seitdem gehen wir an keinem Flokati mehr vorbei, ohne uns die suppenden Eiterbeulen darunter vorzustellen.

Der moderne Fußballprofi muss nicht nur ein Meister am Ball sein, sondern auch ein gewandter Interviewpartner. Wo er auftaucht, werden Rede und Antwort von ihm verlangt. Wer glaubt, dem entgehen zu können, indem er »den Sand in den Kopf steckt«, wie Matthäus gesagt hat, der täuscht sich gewaltig. Wenn unsere Profis mit einem Mikrophon bedroht werden, kommt leider oft nichts als Floskelei (»Ich sag mal einfach ja gut sicherlich«) und Kauderwelsch dabei heraus, auch bei denen, die eigentlich Vorbild sein sollten und ältere Herren mit grauen Schläfen sind: »Grundsätzlich werde ich versuchen zu erkennen, ob die subjektiv geäußerten Meinungen subjektiv sind oder objektiv. Wenn sie subjektiv sind, werde ich an meinen objektiven festhalten. Wenn sie objektiv sind, werde ich überlegen und vielleicht die objektiven subjektiv geäußerten Meinungen der Spieler mit in meine objektiven einfließen lassen.« Ein Bundestrainer, Erich Ribbeck im Jahr 2000, der so quacksalbert, untergräbt die eigene Autorität mehr als jeder seiner Kritiker.

Schlusspfiff. »Tornado« Tönnies reißt beide Arme hoch. Er ist glücklich und erschöpft zugleich. Der wuchtige Mittelstürmer hat alle drei Tore beim Dreizunull-Sieg seines Clubs gegen die favorisierten Frankfurter geschossen. Am Spielfeldrand fängt ihn ein Radioreporter vom Hessischen Rundfunk ab und möchte, noch bevor er ihm gratuliert, über »kleine Schwächen im Aufbauspiel« sprechen. Da lacht Michael Tönnies gequält und sagt: »Nein, nein, heute wollen wir mal alle viere gerade sein lassen!« Welch eine geniale Replik, die zwei gängige Redewendungen gewitzt miteinander verschränkt und alles beantwortet: »Alle viere von sich strecken«, so kaputt ist der Torjäger, dass er das jetzt am liebsten möchte. »Fünfe gerade sein lassen«: angesichts der gezeigten großen Stärken spricht man zwei Minuten nach dem Abpfiff nicht über kleine Schwächen. Das ist eine Frage des Anstands. Eleganter kann man den unsensiblen Hörfunk-Stoffel vom Gehessischen Stunkfunk nicht abblitzen lassen!

»Wir sin die, wo gewinne wellet.« (Jürgen Klinsmann, 2006)

»Das Effizienzprinzip hat einen Namen: McKinsey«, schreibt Dirk Kurbjuweit in seinem Buch über die »Diktatur der Ökonomie und ihre Folgen«. Die globale Unternehmensberatungs-Agentur McKinsey ist zur Metapher für die kalte Diktatur der sich rechnenden Nützlichkeit geworden. Mit Fußball-Bundestrainer Jürgen Klinsmann hat das Effizienzprinzip in der Mitte des ersten Jahrzehnts ein freundliches Gesicht bekommen. McKinsey mit menschlichem Antlitz heißt seither »McKlinsi«.

Was McKlinsi seinen Spielern bei der Vorbereitung zur WM predigte, möchte er allen Deutschen ins Stammbuch schreiben: Die Spieler – und wir alle – müssen wieder intensiver trainieren, das heißt mehr arbeiten. Die Eigenverantwortung des Einzelnen und der Glaube an sich selbst sind täglich zu stärken; dazu sind alle Mittel erlaubt, auch die Voodoo-Methoden des afroasiatischen Gottesanbeters Xavier Naidoo. Jeder Spieler besitzt körperliche und mentale Reserven, die mit wissenschaftlicher Unterstützung zu aktivieren sind. Unausgeschöpfte Ressourcen werden in »unserem rohstoffarmen Land« nicht länger geduldet. Ein Spieler mit dem Kampfnamen »Ente Lippens«, der von sich sagt, er habe als Fußballer nie eine Chance hastig vergeben, sondern lieber gemütlich vertändelt, wäre in der McKlinsi-Welt eine Persona non grata. Wer nicht an sein Limit geht, fliegt raus. Auch mittelmäßige Begabungen können Weltmeister werden, sagt McKlinsi, wenn nur die Fitness stimmt, der Siegeswille ungebrochen und der Mannschaftsgeist überragend ist. Alles drei lässt sich systematisch erzeugen, deshalb gehören body-gebildete Physio-Profis und freudianisch geschulte Psycho-Gurus zum engen Trainerstab.

Während man sich daheim akribisch vorbereitet, von Laktatwerten und Gruppendynamik bestimmen lässt, sind Spione (»Benchmarking-Scouts«) in aller Welt unterwegs, um ebenso akribische Dossiers über unsere Gegner anzufertigen. Wir überlassen nichts dem Zufall. Vor dem Elferschießen stecken wir Goalie Lehmann einen Spickzettel in den Stutzen, auf dem die Gewohnheiten der gegnerischen Schützen verzeichnet sind. Das ist McKlinsis technokratisches Credo der Humanipulation: Spieler sind Menschen, und Menschen sind auch nur Maschinen, die man tunen kann. Was zählt, ist der Erfolg, und der ist wissenschaftlich programmierbar, also »just in time« machbar. Auch eine WM ist nichts weiter als ein zeitlich befristetes »Projekt« mit einem »Kerngeschäft«, das im Juni / Juli zu tätigen ist. Das von McKlinsi am 9. Juli 2006 beendete Zweijahres-Projekt trug den an amerikanische Weltraumexpeditionen erinnernden Namen »Challenge 2006«. Leider konnte es den »Standortvorteil« nur suboptimal nutzen. Wer 2002 in Japan Zweiter wurde, muss 2006 zu Hause, mit 82 Millionen Fans im Rücken, Erster werden. – Leider gab es keine »Punktlandung«. Wir müssen also noch mehr an uns arbeiten und noch fester an uns glauben. Nur eines dürfen wir nicht: zur Ruhe kommen. »Stillstand ist Rückschritt.«

Jürgen Klinsmann ist der prototypische Fußballtrainer der McKinsey-Gesellschaft: große Schnauze, bescheidener Erfolg und kleines Durchhaltevermögen, weil die Methode, das »Immer-auf-Adrenalin-sein«, ihren Propheten, den fassadären Sunny-Boy, derart erschöpft, dass er Monate braucht, um wieder aus der kalifornischen Versenkung aufzutauchen.

»Es war sehr schmerzvoll, aber ich habe kaum etwas gespürt.« (Miroslav Klose)

Manchmal schlägt er aus purem Übermut einen Salto. Manchmal bekreuzigt er sich still. Sein Gesicht ist immer dasselbe: ein Massengrab totgeschlagener Wünsche. Der ganze Kerl: ein Ritter von der traurigen Gestalt. »Er sieht nicht gefährlich aus«, sagt ein alter Weggefährte über Mittelstürmer Klose, »aber er ist gefährlich, brandgefährlich sogar.« Die Frage drängt sich auf: Ist Torjäger Klose das Gesicht Deutschlands? Auch die Deutschen sehen nicht gefährlich aus, wenn sie, das Sitzkissen unterm Arm, ins Stadion pilgern, um ein Länderspiel zu sehen. Wehe aber, du bleibst in deiner Sitzschale hocken, wenn sie »Steh auf, wenn du ein Deutscher bist« singen. Dann wird es gefährlich für dich, lebensgefährlich sogar.

Mittelstürmer Klose ist das Gesicht Deutschlands. Auch in anderer Hinsicht. Er ist zum Beispiel sehr häuslich und überlässt in den eigenen vier Wänden seiner Ehefrau das Kommando. »Stimmt es, dass Sie manchmal im Wohnzimmer Fußball spielen?«, wurde er gefragt. »Ja, wir haben daheim ziemlich große Lichtschalter«, antwortete der Spieler, »manchmal versuche ich das Licht an- und auszuschießen.« Der Reporter hakt nach: »Was sagt Ihre Frau dazu?« Klose gesteht: »Das mache ich nur, wenn meine Frau nicht zu Hause ist.« Wo aber ist seine Frau, wenn sie nicht zu Hause ist? Darüber ist in Bremen viel spekuliert worden. Sehr zum Leidwesen des treuen Ehemannes. Bis es den

Kloses zu viel wurde und sie nach München flüchteten.

Das Gesicht Deutschlands mag die Medien nicht. Dieser ganze Rummel, das ist nichts für ihn. Unterstellungen, Häme, Intrigen. Wenn Klose »Medien« sagt, klingt das wie »Medchen« oder auch: »Aber die Mädchen gehören nun einmal dazu«. Und fügt sich schicksalsergeben den Fragen der Journalisten. Da es in München ganz besonders viele Medien gibt, sollten wir dem Gesicht Deutschlands vielleicht empfehlen, sich ein Vorbild an Paul Janes von Fortuna Düsseldorf zu nehmen, der mit 71 Länderspielen »Rekord-Nationalspieler des Deutschen Reiches« war. Der wusste schon vor Jahrzehnten, wie man die drängelnde Neugier der Medien einsilbig auskontert.

»Herr Janes«, fragte der Radiomann den Verteidiger nach der Weltmeisterschaft 1934, »Sie waren mit der Nationalelf in Italien?«

»Ja.«

»Sind Sie mit dem Abschneiden zufrieden?«

»Ja.«

»Hätten Sie Weltmeister werden können?«

»Nein.«

»Der dritte Platz tut es auch?«

»Ja.«

»Wie war es in Italien?«

»Warm.«

Paul Janes hatte es in seinem Brotberuf als Maurer nur bis zum Gesellen gebracht.

Im verbalen Mauern war ein Meister!

»Allein machen sie dich ein! Fußball ist immer Teamwork.« (Franz Beckenbauer)

Der Zeichner und Schriftsteller Peter-Torsten Schulz erfand vor über 30 Jahren die Kunstfigur des »Ollen Hansen«, die ihn bis heute prächtig ernährt. Gefragt, was für ein Typ der Olle Hansen sei, gab Schulz zur Antwort: »Das ist ein Fußballer.« Fußballer zu sein, hat für Schulz eine charakterliche Bedeutung. Wenn man über jemanden sagt »Das ist ein Fußballer«, bewertet man damit bestimmte menschliche Qualitäten: Das ist ein Kumpel, der sich einsetzt, der Humor hat, der fair ist und mit dem man zusammen durch dick und dünn gehen kann. »Ein Fußballer eben – und kein Stenz«, findet Peter-Torsten Schulz, der selber ein begeisterter Freizeit-Kicker ist.

Hat das »Fußballer-Sein« tatsächlich eine anthropologische Dimension? Wozu erzieht das Fußballspiel? Bringt die Schule des Fußballs einen eigenen Menschenschlag hervor? Gibt es den homo soccer?

Wer über Fußball redet, meint Rudi Gutendorf, sollte immer mit dem Ball beginnen. Halten wir uns also daran. Der Ball, der immer »frei« zu sein hat, wie es die Regel vorschreibt, kann nur im Zusammenspiel beherrscht werden. »Alle wollen den Ball – aber keiner darf ihn haben.« (Jürg Altwegg). Die Geste der Aneignung – etwas mit der Hand in Besitz nehmen – ist im Fußball verboten. Ballbesitz ist Diebstahl! Es gilt, den Ball nicht zu behalten, sondern abzugeben, weiterzugeben, um ihn auf diesem

Wege in den eigenen Reihen zu halten. Das prägt den Menschen als kooperantes Wesen. Wer nur auf eigene Rechnung spielt, bleibt wirkungslos. Das schließt individuelle Kabinettstückchen nicht aus, sie sind sogar erwünscht. Aber erst das Zusammenspiel führt zur Höchstleistung. Fußball lehrt die Akteure eine soziale Geländegängigkeit, die heute als »Sozialkompetenz« hoch angesehen ist und überall gebraucht wird. Einzelleistungen sind im Fußball nur in seltenen Fällen spielentscheidend. Jedes erzielte Tor ist in der Regel Produkt einer Mannschaftsleistung, die zum größeren Teil aus dem »Spiel ohne Ball« besteht. Ein guter Fußballer hat in 90 Minuten vielleicht 2 Minuten den Ball am Fuß. Günter Netzer ist zuzustimmen, wenn er einen guten Fußballer weniger daran erkennt, was er am Ball kann, sondern viel mehr daran, dass er dem Ball nicht im Wege steht, wenn er ihn nicht hat.

Beim Versuch, einzelne Kompetenzen und Qualifikationen aufzulisten, die in der Schule des Fußballspiels vermittelt werden, kommt man schnell zu einer Reihe von Eckpunkten:

Fußball lehrt Antizipation, das heißt die intuitive Vorwegnahme der Verhaltensweisen des Mit- und Gegenspielers.

Fußball lehrt Genügsamkeit: »So lange wir hinten keinen reinkriegen«, heißt es in der Fußballersprache, »genügt vorne einer.«

Fußball lehrt Frustrationstoleranz und Fehlerfreundlichkeit: Die meisten Aktionen gehen ja doch daneben. Bälle landen beim Gegner oder im Seitenaus; Torschüsse gehen in die dritte Etage, und beim Elfmeter nietet der Schütze die Eckfahne um. Das zu ertragen und einfach weiterzumachen, verlangt Enttäuschungsfestigkeit.

Fußball schützt vor Hirnlastigkeit: »In einem guten Fußballspiel«, sagt der Philosoph Ludwig Wittgenstein, »hört das Denken wie von selbst auf.« Andere gehen noch weiter und verlagern die Intelligenz vom Kopf in die Füße. »Ich denke sowieso mit dem dicken Zeh«, prahlte Mario Basler.

Fußball lehrt einen gesunden, lebenstüchtigen Opportunismus: »Im Fußballspiel ist alles erlaubt, was keiner sieht.« (Eduardo Galeano)

Fußball führt zu der nicht immer angenehmen Selbsterkenntnis, dass du eine multiple Persönlichkeit bist: »Sobald ich den Platz betrete«, bekannte einst Torjäger Kirsten, »bin ich ein anderer.«

Fußball lehrt eine freundliche Gelassenheit gegenüber der Zukunft: »Wer weiß schon vor dem Spiel«, so Mittelfeldmann Thomas Broich, »was nach dem Spiel ist.«

Das ist gewiss nur eine unvollständige Liste der Kompetenzen und Qualifikationen. Aber fürs erste soll sie genügen.

Als der Spieler Thomas Helmer seine lange und erfolgreiche Karriere beendete, wurde er gefragt, was er aus dem Fußballspiel mitnehme für sein weiteres Leben. Helmers kurze und geheimnisvolle Antwort: »Immer cool bleiben und verzögern.« – Ja, auch das ist, wer ein Fußballer ist: ein abgezockter Hund.

»Ob Mailand oder Madrid, das ist doch ganz egal, Hauptsache Italien!« (Andreas Möller, Fußball-Internationaler)

Als Kind der Westeifel bin ich mit den Red Boys aus Differdingen aufgewachsen. Red Boys Differdingen, das klang nach großer weiter Welt, das war ein anderer Name für Ausland. Der Vater meines besten Schulfreundes spielte da, jenseits der Grenze in Luxemburg, wurde Vizemeister und Pokalsieger, und das als hauptberuflicher Bäcker. Fußball macht auf eigene Weise weltläufig. Ein Großteil meiner Kenntnisse über Gegenden und Orte in aller Welt habe ich in Kinder- und Jugendjahren nicht aus dem Erdkundeunterricht bezogen, sondern aus dem Fußballteil des »Trierischen Volksfreunds«, unserer Tageszeitung. Das hat sich im weiteren Leben fortgesetzt. Ohne Bernd Schuster, um nun jüngere Beispiele aus dem fortgeschrittenen Mannesalter zu nennen, wäre ich nie ins Donezk-Becken vorgestoßen. Die Beherrschung der Aussprache von Dnjepr Dnjeprpetrowsk machte mich fast so stolz wie im Sozialpsychologiestudium die artikulatorische Bewältigung des aus Ungarn stammenden Psychologen Mihaly Csikszentmihalyi. Unser alter MSV-Verteidiger Didi Schacht nahm mich mit nach Korea, und Ali »the Hammer« Albertz zeigte mir Shanghai. Ohne Sergio Zarate, der 1990 beim Club in Nürnberg anfing, wäre mir Vélez Sársfield wohl noch lange unbekannt geblieben. Als Rainer Rauffmann mit Omonia Nikosia Meister und Torschützenkönig wurde, entschloss ich mich,

Ferien auf Zypern zu machen. Meine beste Eselsbrücke, um mir den Namen der Hauptstadt von Madeira in Erinnerung zu rufen, ist Cristiano Ronaldo, der in Funchal mit dem Fußballspielen angefangen hat. Mein Hebräisch verdanke ich allein der fußerzeugten Kunst: »Hakoah« heißt »Kraft«, und »Maccabi« und »Hapoel« kenne ich auch. – Ich bin ein Fußball-Kosmopolit.

Neulich sah ich einen Globus für Literaten. Die Arktis hieß »Pol des schlechten Geschmacks«. Die Weltmeere nannten sich »Lyrischer Ozean«, »Prosaischer Ozean« usw. Die Südspitze Lateinamerikas hieß »Neruda-Dreieck«. Eine eigene Welt. Genau das, eine eigene Welt, verrät auch Andreas Möller, wenn er sagt: »Ob Mailand oder Madrid, das ist doch ganz egal, Hauptsache Italien!« Als sich wieder einmal Wechselgerüchte um Andy Möller rankten, waren Real Madrid und AC Mailand als interessierte Vereine im Gespräch. Daraufhin lokalisierte Möller sein Traumziel in scheinbar geografischer Unbekümmertheit.

Der Rhetoriker Möller war bis dahin vor allem durch seine Neigung zur Tautologie aufgefallen: »Vom Feeling her hatte ich ein gutes Gefühl« / »Ich bin sehr selbstkritisch, auch mir selbst gegenüber« / »Elfmeter zu schießen, das kann man nicht trainieren, sondern nur üben.« Aber zurück zu Möllers Welt! Im Zeitalter der Globalisierung ist es nun einmal so, dass du heute in Cottbus, morgen in Taschkent und übermorgen in Pjöngjang spielst. Fußball ist ein Sport, der auf der ganzen Welt verstanden wird. Da gibt es keinen Unterschied zwischen den Kontinenten, Sprach- und Ländergrenzen sind im Fußball unerheblich.

Nicht das Englische ist die Lingua franca der modernen Welt, sondern der Fußball.

Die Bedingungen jedoch, unter denen Fußball gespielt wird, sind nicht überall gleich auf der Welt. Für Fußballer besteht der Globus aus nur zwei Kontinenten, aus »Italien« und aus »Island«. Leider ist das außerhalb der Fußballzunft, wo man besserwisserisch von fünf Kontinenten ausgeht, noch wenig bekannt. Darum tut Aufklärung not. Der Name »Island« steht für kleinen Fußball, für geringen Zuschauerzuspruch und das frühe Ausscheiden aus internationalen Wettbewerben. Wenn ein Fußballer »Island« sagt, dann meint er auch Malta und Zypern, Luxemburg und Albanien damit, um nur einige zu nennen. Hat sich ein Bundesliga-Fußballer entschlossen nach »Island« zu gehen, dann heißt das, er ist in die Jahre gekommen und möchte seine Karriere gemütlich und doch gut dotiert ausklingen lassen, denn für »die da unten« (oder »da oben«, je nachdem) ist er als Bundesligaprofi noch immer eine große Nummer, die sein Geld wert ist. Es kann durchaus sein, dass er dann in La Valletta landet oder in Tirana, Hauptsache »Island«! Wenn nun Andy Möller von »Italien« spricht, so benutzt er ebenfalls einen unter Fußballern klaren und unzweideutigen Sammelbegriff. »Italien« steht für viel Sonne und blaues Meer, für Spitzenfußball, erstklassiges Gehalt, zweifelhafte Nebengeschäfte und die Vergötterung durch die leicht erregbaren Massen. Also für alles, was es auch in Spanien gibt. Darum lohnt es keinen Unterschied zwischen Mailand und Madrid zu machen. Und nur ein notorischer Besserwisser, der schon in der

Erdkundestunde seinen Mitschülern unangenehm aufgefallen ist, besteht jetzt noch darauf, dass der doofe Möller einen Fehler gemacht habe. Wer so denkt, dem muss ich leider zurufen: Der Dumme, das bist du, Arschloch!

»Ich heiße Claus-Dieter Wollitz, aber ihr könnt ruhig Pelé zu mir sagen.« (Jungprofi Wollitz bei seinem Dienstantritt auf Schalke)

»Du läufst ja wie ein Pillehuhn«, frotzelte der Trainer über den jungen Fußballer Horst Gecks. Und schon hatte er seinen Namen fürs Leben: »Pille« Gecks. »Hammer« Juskowiak, »Boss« Rahn, »Eia« Krämer, »Ente« Lippens, »Bulle« Roth, »Amigo« Elfert, »Bomber« Müller – wo sind sie geblieben? Kein »Atom-Otto« (Luttrop), kein »Schädel-Harry« (Karger), kein »Eisen-Dieter« (Schlindwein war der erste, Eilts der zweite) mehr. Von filigranen Zuschreibungen ganz zu schweigen, der »Papierne« (Sindelar) wird so schnell nicht wiederkommen, ab und an flackert noch das »Phantom« (Mintal) auf, aber nicht dauerhaft. Der Niedergang der Spitznamen im Profifußball ist offenkundig.

Als der Jungprofi Andreas Neuendorf 1995 beim Waldlauf vor den Toren von Bayer 04 Leverkusen von einer Zecke gebissen wurde, nannte ihn sein Mannschaftskamerad Ulf Kirsten nur noch so: »Zecke«. Fortan ersetzte »Zecke« seinen Vornamen. »Wenn mich im Spiel jemand Andreas rief«, sagt Neuendorf, »habe ich gar nicht mehr reagiert.« So sehr hatte er den neuen Namen verinnerlicht. Jetzt wollte er »Zecke« auch auf dem Trikot tragen. Der DFB ließ das nicht zu. Nur der im Personalausweis dokumentierte Name darf auf die Spielkleidung aufgeflockt werden. Zecke fand nach langem Hin und Her heraus, dass ein Künstler seinen Künstlernamen in den Ausweis eingetragen bekommt. Also machte er sich mit Hilfe seiner töpfernden und malenden Ehefrau zum Kreativen, ließ zwei Leinwände auf die Staffelei stellen und erzeugte mit genialischem Strich die Ölgemälde »Gesicht« und »Krickelkrakel«, beide 2001. Er signierte die Werke mit »Zecke« und versteigerte sie auf einer eigens einberufenen Auktion. Anschließend stellte er sich samt Presseberichten über die Kunstauktion bei der Pass- und Ausweisstelle als der namhafte Maler Zecke vor. Sein neuer Name kam umstandslos in die Papiere. Seit 2002 läuft Andreas Neuendorf als »Zecke« in den Stadien auf. Es ist bis heute der einzige deutsche Künstlername im Fußball.

Anderswo geht das viel einfacher. Der unscheinbare Manuel Francisco dos Santos war klein, etwas verwachsen und sehr wendig. Seine Leute nannten ihn »Zaunkönig«. Unter diesem Namen wurde er als einer der besten Fußballer aller Zeiten weltberühmt: »Garrincha«. Dieser Tage melden die Agenturen, dass beim FC Santos, dem

Pelé-Club, ein junger, 1989 geborener Fußballer spielt, der auf den Namen »Overath Breitner da Silva« hört. Seine Eltern haben ihm ganz offiziell die Namen der deutschen Mittelfeld-Strategen gegeben und gewisse Erwartungen damit verbunden. Man kennt ja diese Sorte von Eltern, für die das Wort »Talent« nur ein anderer Name für »mein Kind« ist. Der Junge scheint alle Hoffnungen zu erfüllen: Er gilt als große Begabung auf der Spielmacher-Position. Mir persönlich hätte es natürlich besser gefallen, wenn sie ihren Filius »Ennatz Eia da Silva« genannt und damit zum Fortleben meiner beiden MSV-Idole, Bernard Dietz und Werner Krämer, beigetragen hätten.

Ehrgeizige Eltern sind das eine, Spitznamen das andere. Spitznamen fliegen einem zu, man weiß oft nicht woher, plötzlich sind sie da. Sie muten oft brutal und rücksichtslos an, wenn man sie liest. Hört man sie aber ausgesprochen aus dem Mund der Fans, skandiert aus tausend begeisterten Kehlen, klingen auch rohe Ausdrücke wie liebevolle Kosewörter. Man braucht dem Spieler nur ins Gesicht zu sehen, dann weiß man, warum einige Fans den Neuen aus Frankreich, kaum war er im Juni 2007 an der Säbener Straße in München eingetroffen, mit einem Wort riefen, das viele Umstehende geschmacklos fanden. »Schnittmenge« lautete das Wort, und Frank Ribéry war gemeint. – Es gibt sie also noch, die Spitznamen, die aus der Mitte des Mobs kommen und keine Medien-Inszenierungen sind. Aber sie sind rar geworden.

Auf der anderen Seite finden sich mehr und mehr Schriftsteller und Intellektuelle, die ihren Künstlernamen aus dem Fußball beziehen. Den originellsten Dreh hat dabei, für mein Dafürhalten, der österreichische Autor Stefan Griebl gefunden. Sein Pseudonym entstand aus dem Ergebnis eines Fußball-Länderspiels Frankreich gegen Belgien (2:0). Auf dem Fernsehbildschirm wurde eingeblendet: FRAN2:0BEL. Seitdem räumt Stefan Griebl unter dem Namen »Franzobel« die Literaturpreise im deutschen Sprachraum ab, darunter Ingeborg-Bachmann-Preis, Bert-Brecht-Medaille und Arthur-Schnitzler-Preis.

Der einstige Proletensport Fußball ist heute zu einer Inspirationsquelle geworden, die selbst die feinsinnigsten Geister zu gewagten Erfindungen verleitet.

»Schreiben ist einfach, die Schwierigkeit besteht nur im Formulieren.« (Paul Breitner)

In den 1990er Jahren begann ich eine Reihe von so genannten »Fachgesprächen« zu schreiben, die als Zitat-Collagen aufgebaut waren. Das erste trug den Titel: »Zur Lage an der Spitze«. Deutschland war in Italien Weltmeister geworden und Teamchef Beckenbauer hatte verkündet, für den Rest der Welt tue es ihm Leid sagen zu müssen, dass Deutschland nun »auf Jahre hinaus unschlagbar sein« werde, zumal man jetzt auch auf die Spieler der ehemaligen DDR zurückgreifen könne. War das Überheblichkeit, blinder Optimismus oder eine realistische Einschätzung der Leistungsstärke des deutschen Fußballs? Zu dieser Zeit also wurde mein »Fachgespräch« in verschiedenen Zeitungen und Zeitschriften veröffentlicht:

> Zur Lage an der Spitze
>
> »Die Breite an der Spitze ist dichter geworden.«
> (Hermann Neuberger, Präsident)
>
> »Ja gut, die Spitze hat sicherlich an Breite und Dichtigkeit gewonnen.«
> (Berti Vogts, Hilfstrainer)
>
> »Heute haben wir in der Breite der Spitze mehr Fülle als früher.«
> (Gerhard Mayer-Vorfelder, Vizepräsident)
>
> Ja gut, sicherlich, die Dichte an der Spitze ist fülliger geworden, aber wem nützt das was?«
> (Stefan Kuntz, Fast-Nationalspieler)
>
> »In der Fülle ihrer gesamten Breite betrachtet, ist die Spitze relativ dicht besetzt.«
> (Franz Beckenbauer, Teamchef)
>
> »Ja gut, sicherlich! Die Spitze wird immer breiter, bis eines Tages kein Schwein mehr weiß, wo vorn und hinten ist.«
> (Guido Buchwald, Maradona-Bezwinger)

»Die Spitze darf nicht nur breit sein, sie muss auch bereit sein!«
(Günter Netzer, Rechthaber)

»Ich sag mal einfach: Wir brauchen wieder eine Spitze und keinen Spachtel.«
(Uwe Seeler, Echte Ex-Spitze)

»Uns Uwe hat Recht! Die Spitze muss stechen. Eine breite Spitze kann doch nur schaben wie ein Spachtel.« (Udo Lattek, Experte für alles)

»Immer wenn ich breit bin, werd ich ganz spitz.«
(Wolfram Wuttke, Störenfried)

Von den 10 Zitaten ist nur eines echt, das erste. Alle anderen sind offenbar so gut erfunden, dass sie echt wirken. Jedenfalls sind alle Zitate als originale Spieler-, Trainer- und Funktionärs-Äußerungen in die einschlägigen Sprüche-Sammlungen eingegangen, die es inzwischen auf dem Buchmarkt gibt. Das meistzitierte der falschen Zitate ist der Wolfram Wuttke zugeschriebene Spruch: »Immer wenn ich breit bin, werd ich ganz spitz.«

So leicht ist es also, Fußball-Fachgespräche zu simulieren! Also machte ich mit der Methode der falschen Zitate weiter. Mein letztes nach dieser Masche gestricktes Fachgespräch war das folgende:

Dem Fußball sein Ding

»Fußball ist ding, dang, dong. Es gibt nicht nur ding.«
(Mister Trapattoni, Bayern München)

»Im Fußball gibt es nicht nur ding, das war schon zu meiner Zeit so. Aber in München scheint sich das erst heute herumzusprechen.«

(Uwe Seeler, Nordlicht)

»Was unser Mister sagt, gilt auf der ganzen Welt: Erst ding, dann dang, schließlich dong.«

(Franz Beckenbauer, Weltenbummler)

»Ding-dong würde mir ja noch einleuchten. Aber das mit dem dang, was soll das denn sein? Das ist doch Koks, äh, Kokolores!«

(Christoph Daum, BTM-Fall)

»Auf Schalke gibt es nur bumm, bumm, bumm.«

(Rudi Assauer, Pils-Trinker)

»Die Ding-Philosophie des Fußballs (›Hauptsache, das Ding ist drin!‹) verkürzt das Spiel aufs blanke Resultat. Fußball aber besteht aus mehr. Fußball ist auch ›dang‹ und ›dong‹, wie Trainer Trapattoni so unbeholfen wie tiefsinnig bemerkt hat.«

(Walter Jens, Verbalakrobat)

»Was nützen mir dang und dong, wenn das Ding nicht reingeht!«

(Jürgen Klinsmann nach sechs Spielen ohne Tor)

»Ding, dang, dong! Weiß dieser Herr aus Italien überhaupt, wovon er redet? Fußball ist doch kein Glockenspiel!«

(Otto Rehhagel, Meister-Coach)

Das ist das schöne am Fußball: Er ist ein Sport des freien Eintritts. Jeder kann mitreden. Hauptsache der Sound stimmt. Ein wenig Anpassung an Wortwahl, Ton und Stil der Spieler und Trainer – und schon bist du mittendrin im Expertengespräch über die Vor- und Nachteile von Viererkette und Schneekette.

»Jeder sollte an irgendetwas glauben, und wenn es nur Fortuna Düsseldorf ist.« (Campino, Sänger der Toten Hosen)

Über die Götter in kurzen Hosen ist viel geschrieben worden. Über Fußball als Religion, zelebriert auf dem Heiligen Rasen. Über Stadion-Inszenierungen als Nachahmungen der kirchlichen Liturgie und den Besuch eines Fußballspiels als Ersatz für die Heilige Sonntagsmesse. Aber wo sind heute noch die Indizien dafür? Vor zehn Jahren sahen wir junge Männer in den Kutten, Schals und Mützen des einheimischen Clubs über die Seitenumrandung des Stadioninnenraums klettern und mit wehender Flagge, auf der ein rot gehörnter Teufel zu erkennen war, dem Mittelpunkt des Platzes zustreben, wo sie die Fahne ausbreiteten, vor ihr nieder knieten, sich mehrmals mit erhobenen Armen über sie beugten und dabei ein Gebet murmelten, das einem Messias namens »Otto« huldigte, das »Otto Unser«: »Otto Unser auf dem Betze, / Geheiligt werden deine Erfolge, / Der Europacup komme, / Deine Siege geschehen, / Wie zuhause, so auch auswärts. / Unsere wöchentlichen drei Punkte gib uns heute, / Und vergib Friedel Rausch, / Wie auch wir vergeben den Erfolglosen. / Und führe uns nie mehr in die Zweite Liga, / Sondern erlöse uns von den Bayern. / Denn Dein ist der Betzenberg / Und der Pokal / Und die Meisterschaft / In Ewigkeit / Amen.«

Wo sind die bunten Messdiener geblieben? Es gibt sie nicht mehr. Vaterunser-Variationen gibt es nach wie vor, aber die Gläubigen dürfen sie nicht mehr auf dem Platz zelebrieren, sondern nur noch im Internet verbreiten. Schön, wie jüngst Hannover-Fans den umstrittenen 96er-Spieler Jiri Stajner anbeteten: »Unseren spieltäglichen Hackentrick gib uns heute / Und vergib uns unsere Zweifel / Wie auch wir vergeben Deinem Ballverlust / Und führe uns nicht in den Wahnsinn / Sondern erlöse uns vom Mittelmaß.«

Was es noch gibt, und zwar dutzendweise, das sind die Nachfahren der nachhaltig missionierten Eingeborenen ferner Landstriche. Brasilianische Torhüter zum Beispiel. Nach gehaltenem Elfmeter bestreiten sie ganz einfach die Glanztat: »Nicht ich, Gott hat ihn gehalten!« Kein Wunder. »In Brasilien gibt es 22 Sportarten und eine Religion – Fußball«, sagt Carlos Alberto Parreira, Ex-Nationaltrainer der Selecao. Brasilianische Spieler bekreuzigen sich auf Schritt und Tritt, vor dem Betreten des Rasens, nach dem Schlusspfiff, zwischendurch, nach vergebenen Chancen oder persönlichen Fehlern, die folgenlos blieben. Alle großen Torschützen bedanken sich höheren Orts – Ronaldo, Ronaldinho, Kaka. Und manchmal heben sie im Freudentaumel ihr Trikot, um der Fernsehöffentlichkeit Filzstift-Bekenntnisse wie dieses zu offenbaren: »100% Jesus!«

Deutsche Torschützen sind da viel zurückhaltender. Sie besitzen Mittlere Reife oder entstammen dem Marxismus des untergegangenen Staates, sind also gelernte Atheisten, die ihr Leibchen allenfalls mit Sprüchen in der Tradition der abendländischer Aufklärung verzieren: »Der Kopf denkt, der Fuß versenkt.« Einige unter ihnen, die als besonders sensibel gelten, spüren offenbar, dass es da noch etwas Höheres geben muss und küssen nach jedem Torerfolg das fatale Schlüsselglied einer lebenslangen Häftlingskette – ihren Ehering.

Das Thema »Fußball und Religion« ist derzeit dabei, einen leicht nekrophilen Zug anzunehmen: Wie kann der Fan auch nach seinem Ableben noch weiter seine Liebe zum Verein bekunden? Das ist eine viel diskutierte Frage, und das Bestattungsgewerbe fühlt sich herausgefordert. Inzwischen bietet man Urnen in Fußballform an und Särge in den Farben und Emblemen des Lieblingsclubs. In England kann man seine Asche auf dem Rasen des Stadions ausstreuen lassen. In Deutschland planen die Vereine nach dem Vorbild der Boca Juniors aus Buenos Aires eigene Fan-Friedhöfe im Dunstkreis des Stadions. »Ein Quantensprung in der Bestattungskultur«, lobt eine »Agentur für Trauerbegleitung« aus Bergisch Gladbach, die gestern noch schlicht »Beerdigungsinstitut« hieß. Das Eingangsportal der Fan-Friedhöfe dürfte aus einem 7,32 m breiten und 2,44 m hohen Tor mit angemessener Inschrift bestehen. Vielleicht dieser hier: »Auf dem grünen Rasen und unter dem grünen Rasen sind alle Menschen gleich«. Eine Parole des Westdeutschen Spielverbandes aus dem Jahr 1914. Für die Grabmale in Form von Fußbällen, Stollenschuhen und dergleichen schlagen wir einen Katalog von Musterinschriften vor, die so oder ähnlich lauten könnten:

Hier ruht
mit der Raute im Herzen
HSV-Fan Rudolf Müller
eingewechselt am 12. 1. 1935
ausgewechselt am 3. 6. 2007
Der letzte Pass
war zu steil für ihn

Spieler haben es da viel einfacher. Sie brauchen nicht viele Worte zu machen. »Hamburg 74«, soll Jürgen Sparwasser gesagt haben, das genüge als Inschrift für seinen Grabstein. Dann wisse jeder, wer hier die Radieschen von unten betrachte. Denn der 22. Juni 1974, als Deutschland gegen Deutschland im Volksparkstadion durch ein Sparwasser-Tor mit 0:1 unterlag, ist auf alle Zeit ins Gedächtnis der Nation eingebrannt.

»Zehn Minuten Köpfe schütteln!« (Max Merkel)

> »Von Ernst Happel kann man immer etwas lernen. Schwieriger ist es, dem Ernstl etwas beibringen zu wollen, zum Beispiel, dass man Knie nicht mit G schreibt.« (Max Merkel über einen alten Freund)

Ein großes Maul hat aufgehört zu lästern. Max Merkel ist tot. Als uns die Nachricht am 29. November 2006 erreichte, kam mir ein Bild aus den letzten Jahren in den Sinn. Das alte Lästermaul war müde geworden, aber die sprachsensiblen Reflexe funktionierten immer noch. Den überdrehten Fußballbetrieb unserer Tage missmutig betrachtend, seufzte Merkel mit hängenden Lefzen: »Wie sich die Zeiten doch ändern!« Um sich im darauf folgenden Satz gleich wieder zu beruhigen: »Aber sie ändern sich auch wieder.« Merkel, der Wiener Beutedeutsche, hatte ein feines Gefühl für die Paradoxien unserer Sprache.

Die marilyn-gleiche Namensparaphe MM stand in der Bundesrepublik der frühen sechziger Jahre für den Wirtschaftswunder-Sekt aus der Kellerei von Matheus Müller. Im schwarzweißen Werbefernsehen lenkte die Nahaufnahme den Blick auf die Innenflächen zweier Hände. Die Hautfalten bildeten rechts und links ein großes, schwungvolles M: »Folg dem Zeichen der Natur, / wenn zwei Glas Sekt, / MMchen nur!« Bald stand das MM dann auch für Max Merkel. Er selbst übersetzte die Buchstaben am liebsten mit »Meister-Macher«. Schließlich war er mit München 60 und

Nürnberg kurz hintereinander Deutscher Fußballmeister geworden. Seine Nürnberger Mannschaft ging sogar in die hohe Literatur ein. Peter Handke schrieb sein bis heute einziges Fußballgedicht: »Die Aufstellung des 1. FC Nürnberg vom 27. 1. 1968«. Das Schriftbild zeigt uns in streng pyramidialer 1-2-3-5-Formation, mit welcher Mannschaft die Clubberer zum Pokalspiel in Leverkusen angetreten waren. Mit einem kleinen Schönheitsfehler allerdings: Hilpert war's, der rechts neben Popp verteidigte, und nicht der von Handke eigenmächtig aufgestellte Leupold. Aber das ist »Schnee von morgen«, wie man in Fußballerkreisen sagt. Sollen sich zukünftige Germanistengenerationen mit diesem Fall von dichterischer Freiheit herumschlagen.

Nicht nur Merkels Elf, auch der Meister selbst ist mit einer seiner zynischen Machenschaften in die unterhaltsame Gegenwartslyrik eingegangen. Ich zitiere, mit freundlicher Erlaubnis des Dichters, aus einem unveröffentlichten Poem von Niklas Pronsfeld:

Nach verlorenem Spiel, noch im Umkleidesaal,
rief Merkel die Besiegten zu sich und befahl:
»10 Minuten Köpfe schütteln.«
Betonend fügte er hinzu: »Damit wir uns verstehn,
in Worten: zehn !«
Dann fragte er die Loser, also hinterher:
»Was soll das? Wozu das Ganze?
Welcher Wahrheit brach man hier die Lanze?«
Den Profis fiel die Antwort gar nicht schwer.
Sie tippten, so ihre Worte, auf »mentale Sachen«.

»Nichts da! So müsst ihr machen«,
schrie Maxe Merkel unversöhnt,
»wenn man euch fragt,
ob ihr Fußball spielen könnt!«

Hinterlässt Max Merkel im Reich der Sprücheklopfer eine Lücke? Nein. Denn kaum hat er das Zeitliche gesegnet, steht Christoph Daum auf der Matte. Schon beim Wiedereinzug des Wahl-Türken ins Heilige Köln fiel die örtliche Presse in Ohnmacht. »Ein Daum wird wahr«, titelte der Kölner Express. Just an Merkels Todestag, so hören wir vom Trainingscamp am Geißbockheim, schärfte Daum seinen Spielern in einer Mannschaftssitzung ein, dass Erfolg im Fußball vor allem eine Sache des Kopfes und der Einstellung sei. Dazu wählte er einen echt guten Merksatz – oder sprechen wir lieber, in memoriam, von einem »Merkelsatz« –, der ganz gewiss ins Verzeichnis der großartigen Fußballphrasen Eingang finden wird: »Der Kopf ist das dritte Bein des Spielers.«

»Göbbeloastet« (Peter Pacult, Wien)

> »Die Spieler, wo dieser Sprache nicht mächtig sind, die sollen sich angewöhnen, das hiesige Deutsch zu lernen.« (Mario Basler, Pfalz, über Youri Djorkaeff, Frankreich)

Am 10. März 1998 hielt Maestro Giovanni Trapattoni während einer Pressekonferenz seinen heute weltberühmten Vortrag. Inzwischen ist die so genannte »Münchener Brandrede« sogar zum Gegenstand des Zentralabiturs im Fach Deutsch geworden:

> Miche dä Uli geholt aus Bella Itali
> für schaffen mit Munchen die Quali.
> Aber meine Spieler schwach,
> schwach wie eine Flasche leer.
> Habe fertig.
> Danke sehr.

Zwischen schonungsloser Diagnose und knapper Schlussformel steht ein hier nicht wiedergegebener langgezogener Schmerzlaut: »Struuuuunz!« »Der Ausdruck Strunz ist seither zum Inbegriff des Inakzeptablen schlechthin geworden«, diagnostiziert Sprachforscher Ludger Hoffmann mit wissenschaftlichem Bierernst. Freilich wäre noch mehr dazu zu sagen. Dass der Italiener Trapattoni sich in der gedehnten Intonation des mehrfach wiederholten Wortes Strunz geradezu ergeht, es ist, als nehme er ein phonetisches Bad in dem Wort, verrät eine gewisse Neigung zur Koprolalie (= Fäkaliensprache). Denn »stronzo« heißt auf Italienisch »Stück Scheiße, Arschloch«; auch im Deutschen sagt man »strunzen« für »pissen«. Der feine Herr im feinen Tuch, als der sich Trapattoni gerne gab, hatte also auch eine säuische Seite. Aber das kennen wir ja von den feinen Herren allenthalben.

Angesichts des ungewollten Dadaismus seiner Rede fragte man sich hinterher, ob der Trainer nicht besonders sprachbegabt oder gar eine lernfaule Socke sei, ein typischer Italiener eben. Weder das eine noch das andere trifft zu. Trapattoni hatte schon immer eine Vorliebe für die Deutschen und das Deutsche. Als Spieler in Mailand trug er den Beinamen »Il Tedesco« (der Deutsche). Und in München sah man ihn nie ohne sein Piccolo Glossario Italiano-Tedesco. Nein, Trapattoni war willig und fleißig, aber seine Umgebung machte alle seine Bemühungen, gutes Deutsch zu sprechen, brutal zunichte. Man höre sich nur einmal an, wie die Spieler auf die Rede ihres »Misters« – so nannten die Spieler den Maestro – reagierten. Lothar Matthäus mokierte sich in seiner eigenen Privatsprache über das Kauderwelsch: »Für dem sein Deutsch tät ich mich schäme.« Und Didi Hamann bestritt die Auffassung des Trainers, die Truppe sei zu schwach fürs internationale Geschäft, mit den Worten: »Mir hamm a guat genugene Mannschaft!« Das sind nur zwei Stimmen von 20. Die anderen waren auch nicht besser. Kann man als ausländischer Trainer gutes Deutsch lernen, wenn man täglich von Spielern umgeben ist, die ihre Muttersprache derart vergewaltigen? Wohl kaum. Also dürfen wir annehmen, dass Trapattonis Deutsch ein getreues Spiegelbild der Sprache ist, wie sie damals beim FC Bayern München gesprochen wurde. Trapattoni ist zu bemitleiden und nicht zu verlachen. Schon als Kind wurde ihm der Erwerb der deutschen Sprache mehr als schwer gemacht. Er musste in Mailand neben der Kirche Santa Maria delle Grazie aufwachsen, wo das weltberühmte »Abendmahl«-Fresco von Leonardo da Vinci noch heute für deutsche Besucher »Letzter Abendessenanstrich« heißt.

Gerade als Fremde in einem neuen Sprachraum passen wir uns der Umgebung an; es bleibt uns gar nichts anderes übrig. Das Beispiel von Mohamadou zeigt, wie weit das gehen kann. Mohamadou ist ein perfekt hochdeutsch sprechender Schwarzafrikaner aus Nigeria. »Ich möchte gern ein halbes Paderborner Landbrot, und zwar geschnitten, bitte.« Das hatte er sagen wollen, bevor er die Bäckerei in Wolbeck bei Münster betrat. Als die Bäckersfrau mit dem flotten T-Shirt »Wir backen's an, Ährensache!« den schwarzen Mann sieht, fragt sie wie automatisch: »Was du wollen?« Mit Mohamadous Sprachgewandtheit war es auf der Stelle vorbei. Er kann nicht anders als »Ich wollen Brot« zu stottern: Das Tun des einen ist das Tun des anderen. Diesem anthropologischen Zwang zur reflexhaften Reaktion ist auch Uli Hoeneß unterlegen. Denn unmittelbar nach Trapattonis Brandrede kommentierte er im kleinen Kreis:

> Isse gekomme für viele Millioni,
> Maestro G. Trapattoni.

Nur kleine Erfolg,
aber top in Klamotti!
Besser gewesen zu holen
brutalen Schleifer aus Polen
für eine Hande voll Zloty.

Ungefähr zur gleichen Zeit, da Trapattoni sein rhetorisches Meisterstück machte, holte auf dem Nachbarplatz, beim TSV München 1860, Co-Trainer Peter Pacult (Österreich) seinen Stürmer Borimirov (Bulgarien) während eines Meisterschaftsspiels vom Feld, und zwar mit der wienerischen Begründung, er sei »göbbeloastet«. Trapattoni konnte man bei aller Rabulistik immerhin noch verstehen. Aber »göbbeloastet«, was soll denn das heißen? Ein Lautgemälde nicht von dieser Welt! Der betroffene Spieler wusste allerdings sofort Bescheid. Borimirov war bereits »gelb belastet« und drauf und dran, mit einer zweiten Karte vom Platz zu fliegen und damit für das nächste Spiel gesperrt zu sein.

»Jedes Spiel ist anders.« (Seppl Herberger)

Am 27. April 1977 siegte die deutsche Fußballnationalmannschaft in Köln 5:0 über Nordirland. Daheim in

Hochensachsen an der Bergstraße saß Seppl Herberger vor dem Fernsehgerät und freute sich besonders über den zweifachen Torschützen Klaus Fischer. Aber nicht allein der Treffer wegen. Fischer war ein einfacher Junge vom Lande, der in entscheidenden Augenblicken immer das tat, was niemand erwartete. Das imponierte dem Alten.

Wenige Stunden später war Herberger tot.

Über 30 Jahre ist das jetzt her.

Josef Herberger aus dem Mannheimer Waldhof, der das bayrische »Sepp« nicht mochte und sich selbst immer kurpfälzisch korrekt »Seppl« nannte, hat uns sieben Axiome der Fußballphilosophie hinterlassen, die immer gültig sein werden, komme, was wolle. Das unterscheidet die Grundsätze des Weisen aus Kurpfalz von anderen Quasi-Gesetzen, die auch Ewigkeitsgeltung beanspruchen, aber von der Realität erst noch bewahrheitet werden müssen, zum Beispiel: »Geld schießt keine Tore.« Für alle, die sie nicht auswendig kennen, also für die interessierten Gelegenheitsliebhaber des Fußballspiels, seien Herbergers fußballphilosophische Basissätze (»Die glorreichen Sieben«) hier wiederholt:

Erstens: Der Ball ist rund.
Zweitens: Jedes Spiel fängt bei null an.
Drittens: Jedes Spiel dauert 90 Minuten.
Viertens: Jedes Spiel ist anders.
Fünftens: Nach dem Spiel ist vor dem Spiel.
Sechstens: Das nächste Spiel ist immer das schwerste.
Siebtens: Fußball ist Fußball.

Seppl Herberger war darüber hinaus ein glänzender Aphoristiker, der überaus anschaulich zu formulieren vermochte, so dass seine Sätze zu Ohrwürmern wurden. Die Literaturwissenchaft spricht neuerdings von »Herbergerismen«. Gemeint sind damit semantische Brillanten wie die folgenden drei:

Gefragt, wie er seinen grobmotorischen Verteidiger Herbert Erhardt auf das Spiel gegen den weltbesten Stürmer Alfredo di Stefano vorbereitet habe: »Ertl, hab ich gesagt, Ihr Gegenspieler ist ein Mann von absoluter Weltklasse. Behandeln Sie ihn so, dass er heute nicht ein, sondern zwei Spiele macht: sein erstes gegen Sie – und sein letztes überhaupt!«

Kann man eleganter zum finalen Foulspiel auffordern?

Gefragt, wie viel Intelligenz er bei einem Fußballspieler erwarte: »Eine gewisse Deckenbeleuchtung sollte da sein. Aber nicht so viel, dass das Stroh im Kopf in Flammen aufgeht.«

Gefragt, warum er gelegentlich mittelmäßige Spieler in die Ländermannschaft berufe, dafür aber ein paar der Besten zuhause lasse: »Nicht die elf Besten sollen spielen, sondern die beste Elf.«

Herberger ist seit über 30 Jahren tot. Seine Axiome sind quicklebendig. Ist in drei Jahrzehnten denn nichts dazugekommen? Immerhin hat die Trainergilde inzwischen Verbalakrobaten wie Giovanni Trapattoni, Christoph Daum und Hans Meier hervorgebracht. Aber Grundsätze mit Ewigkeitsgarantie finden sich in ihrem unterhaltsamen

Palaver eher nicht. Dagegen sind dem einen oder anderen Spieler Formulierungen gelungen – oder soll man sagen: unterlaufen –, die Herberger gefallen hätten. Vom Stürmer Jürgen Wegmann, der seine Torgefährlichkeit mit dem Kampfnamen »Kobra« unterstrich, ist folgende Aussage überliefert: »Wo ein Vorteil ist, ist auch ein Nachteil«, kommentierte er mit fernöstlicher Weisheit seine überraschende Aufstellung nach vielen Wochen auf der Ersatzbank. Oder Michel Platini, der jetzige UEFA-Präsident: »Deutsche Mannschaften sind immer deutsche Mannschaften«, womit er den zweiten Platz bei der Weltmeisterschaft 2002 erklärte, den man den Deutschen nicht zugetraut hatte. Ganz gewiss Herbergersches Format hat die Aussage von Vince Lombardi, Legende des American Football: »Gewinnen ist nicht alles, aber das einzige, was zählt.« Vielleicht pointierter noch im Original: »Winning is not everything, but the only thing.« Auch der italienische Schriftsteller Giovanni Arpino hat es verdient, mit Herberger in einem Atemzug genannt zu werden: »Fußball ist auch, was er nicht ist.« Herberger am nächsten, so finden wir, ist der Schauspieler und Regisseur Sylvester Stallone gekommen. In seinem Film »Rocky Balboa«, 2006, lässt er seinen Helden sagen: »Es ist nicht vorbei, ehe es vorbei ist.«

Auch über 30 Jahre nach seinem Tod wirkt Seppl Herberger fort, sogar bis nach Hollywood!!

»Schönspieler« (Schimpfwort in Deutschland)

Was ein »schöner Spieler« ist, wissen wir. Der gut anzuschauende Cristiano Ronaldo zum Beispiel. Was ein »Schönspieler« ist, wissen wir auch. Einer, der nie da zu finden ist, wo es weh tut. Aber was ist ein »schönes Spiel«?

Versuchen wir eine Annäherung: Wenn sich elf Männer – wir bleiben bei Mann und Mannschaft, obwohl es für Frau und Frauschaft genauso gilt – »blind verstehen« und »wie aus einem Guss« spielen; wenn das sinnvolle Dribbling nicht zum übertriebenen Einzelspiel wird und die einstudierten Spielzüge nicht zum schematischen Muster; wenn also eine geglückte Balance zwischen spontanem Solo und geübter Kombination, zwischen virtuosem Einzelkönnen und bis zum Abwinken trainiertem Zusammenspiel gefunden wird; wenn aus elf Leibern die kraftvolle Einheit eines Mannschaftskörpers wird, die keinen Zweifel daran lässt, was sie will: den Sieg. Dann finden wir, dass unsere Elf »schön« spielt.

Um es etwas abstrakter auszudrücken: Die Bewegungen der Spieler einer Mannschaft auf dem Fußballfeld sind einerseits fixiert und vorherbestimmt, andererseits elastisch und variabel und in jedem Fall vom Verhalten der gegnerischen Mannschaft beeinflusst. Fixiert sind sie, weil ohne Konsens der Spieler über die Anerkennung von Spielregeln kein Gruppenspiel möglich wäre. Elastisch und flexibel sind sie, weil innerhalb der Regeln unendlich viel Gestaltungsspielraum besteht, in dem der Wille und das Talent, ihn kreativ zu nutzen, unendlich viel Platz haben. Wird dieser Spielraum tatsächlich genutzt, von beiden Mannschaften, erhöht sich die Wahrscheinlichkeit, dass wir ein schönes Spiel erleben. Schönheit ist also das Ergebnis des Zusammentreffens mehrerer Komponenten: individuelle Spielkunst, kollektive Harmonie und Streben nach Erfolg, zusammengehalten vom Willen zur Fairness.

Der Schriftsteller Joachim Seyppel hat in den 1970er Jahren die Fußballmannschaft mit der Anatomie eines männlichen Körpers verglichen, der seine Schönheit aus dem gelingenden Zusammenspiel aller Körperteile bezieht. Nehmen wir den Gedanken auf und spinnen ihn fort. So in etwa könnte ein Mannschaftsarzt mit etwas mehr Fantasie als sie deutsche Mannschaftsärzte haben, seine Truppe präsentieren, wenn er ihre organische Wohlgelungenheit betonen möchte:

Das hier ist unser Torwart. Er ist unser Magen und Darm und muss leichte und schwere Brocken verdauen. Hat er Dünnpfiff, was ganz schlecht ist, dann sind wir »hinten offen«. (Kleiner Medizinerscherz, muss sein.) Vor ihm die beiden Verteidiger, sie sind unsere Nieren, sie scheiden alles aus, was gefährlich für uns ist, das Gift, das der Gegner mit sch führt, um uns schachmatt zu setzen oder gar mausetot zu machen. Im hinteren Mittelfeld pumpen unsere unermüdlichen Lungen. Dauerläufer alle beide, 15 Kilometer pro Spiel sind Minimum. In der Halbdistanz, halblinks und halbrechts, da arbeiten die beiden Gehirnhälften, links der Stratege, rechts der Motivator, unsere

Meisterdenker. Wahre Feldherren, die sich wenig bewegen und alles überblicken. Dazwischen schlägt das Herz der Mannschaft, da steht der zentrale Mann, ein kräftiger Muskel, der Takt und Rhythmus bestimmt und die Schlagzahl vorgibt. Mal verschärft er das Tempo, mal verschleppt er es, gerade so, wie es für unser Spiel das Beste ist. Vor ihm der Rechtsaußen, unser rechtes und schnelles Bein. Auf der anderen Seite der Linksaußen, unser linkes und trickreiches Bein. Beide lieben die Seitenlinie, weil sie nah am Publikum spielen möchten, um dichter am Beifall zu sein, mit dem sie für ihre artistischen Finten überschüttet werden. Zwischen dem rechten und dem linken Bein, in vorderster Front – nun ja, Kriegsmetapher, aber wir sind halt Deutsche – da befindet sich das Geschlecht der Truppe, da wühlt unser Mittelstürmer, der riecht die Löcher, der fackelt nicht lange und macht die Dinger rein! Ein kräftiger Stoßkeil, wie ihn jede Mannschaft braucht, die Erfolg haben will. Und die Mannschaft als Ganzes, das ist die straffe Haut, die alles zusammenhält. So muss man sich unser Team vorstellen: Wie ein einziger großer Mann, gebildet aus elf ganzen Kerlen. – So weit der Mannschaftsarzt.

Sollte unser traumhaft aufeinander abgestimmtes Räderwerk es versäumen, Tore zu schießen, kann es vorkommen, dass die Mannschaft »in Schönheit stirbt«, wie man in Deutschland sagt, wo der Effizienzkult und die Betriebswirtschaft das Denken bestimmen. Aber eine solche Niederlage sehen wir unseren Jungs eher nach als eine stümperhafte Nullnummer. Schöner Fußball ist immer auch »linker Fußball«, wie Luis Cesar Menotti gesagt hat, denn er verweist uns auf ein anderes, besseres Leben: Was zählt, ist nicht allein und ausschließlich der Sieg, sondern das gelungene, großzügige und künstlerische Zusammenspiel unter elf Gleichen und gegen elf Gleiche. Ein »linkes« Spiel nicht zu gewinnen, nimmt ihm nur wenig von seiner Schönheit, ist aber unvollendete Kunst.

»Oh la la, Eric Cantona!« *(Englischer Volksmund)*

Bei den Red Devils von Manchester United spielte bis 1997 der Franzose Eric Cantona. Was auf doppelte Weise verrückt war. Denn normalerweise spielte bis dahin kein Franzose in England, und außerdem war Cantona kein normaler Franzose, sondern ein verrückter Hund. Der Fußballspieler Cantona hatte eine lyrische und eine prosaische Seite. Beide offenbarte er im Januar 1995. Zunächst seine weniger sensible, seine prosaische Seite, als er im Spiel gegen Crystal Palace plötzlich über die Spielfeldumrandung jumpte, um seine spitzbestollten Füße ungehemmt im feisten Antlitz von Matthew Simmons zu verewigen. Simmons, ein berüchtigter britischer Rechtsextremist, hatte den Franzosen zuvor mit derb-chauvinistischen

Sprüchen erst zu gestischen Missfallensäußerungen aus dem Stinkefinger-Repertoire gereizt, dann in helle Wut versetzt. So dass Cantona gar nicht anders konnte, als dem Nazi schließlich die Fresse zu polieren.

Seine andere, seine lyrische Seite zeigte der Spieler in der darauf folgenden Pressekonferenz, als er die Journalistenmeute mit einem einzigen Satz beschied, der, wie sich später herausstellte, ein Vers war:

> »Wenn die Möwen
> dem Fischkutter folgen,
> so in der Hoffnung,
> dass Sardinen
> ins Meer geworfen werden.«
> (zit. n. »junge welt«, 23. 4. 1997, S. 16)

Eric Cantona ist weltweit der einzige Fußball-Rambo, der sich ausdrücklich zu Rimbaud bekennt, Arthur Rimbaud. Woher das kommt? Gute französische Tradition, gewissermaßen. Denn Eric Cantona ist Schüler von Joel Bats, der in den achtziger Jahren Frankreichs Nationaltorwart war. Immer etwas verstockt wirkend, stand Krauskopf Bats sowohl zu Hause bei AJ Auxerre, wo auch der junge Cantona spielte, als auch in der Länderelf stets am Rande, ein stiller Außenseiter seiner Mannschaften. Man muss Joel Bats auch deshalb als Einzelgänger bezeichnen, weil er etwas tat, was seinen Fußballkameraden absolut fremd war. Joel Bats schrieb Gedichte. Nach Meinung der Fußballer, aller Fußballer, nicht nur französischer, sind Dichter verträumte Schlaffis und oft mit den Gedanken woanders.

Das ist nichts für einen kernigen Fußballer, zumal nicht für einen Torhüter, den schwarzen Panther hinter der Deckung, immer hellwach, immer auf dem Sprung. Aber was sollte man machen, Joel Bats schrieb nun mal Gedichte. Der Trainer versuchte es mit rigorosen Strafmaßnahmen. Er warf Bats aus dem Trainingslager und schickte ihn nach Hause – wo Bats Gedichte schrieb. Er setzte ihn auf die Reservebank – wo Bats Gedichte schrieb. Er verbannte ihn auf die Tribüne – wo Bats Gedichte schrieb. Schließlich rang sich der Coach zu der Auffassung durch, das Beste sei es, Bats in jedem Spiel aufzustellen. Denn solange er im Tor stehe, könne er keine Gedichte schreiben. Dank dieser eher pädagogisch zu nennenden Überlegung brachte es Bats auf 50 Länderspiele und über 500 Ligaeinsätze.

Für alle, die neugierig geworden sind auf die Lyrik des Joel Bats, hier eine Kostprobe:

> »Ich möchte die Sonne
> deiner Nächte sein,
> um zu erleuchten dein Herz
> im kalten Zwielicht,
> damit du zu mir kommst
> und meine Hand nimmst.
> Aber ich bin nur ein Schatten,
> der unstet irrt
> hinter den grauen Mauern
> deines mir für immer
> verbotenen Reiches.«
> (zit. n. »kicker«, 10. 8. 1987, S. 8)

Was für ein Warmduscher! Der lieber Flutlicht sein möchte (»Sonne deiner Nächte«) als unhaltbare Dinger aus dem Winkel zu boxen. Was für eine Memme, die nichts sehnlicher wünscht, als dass man sie bei der Hand nimmt! Kann ein dermaßen blindes Huhn der solide Rückhalt für seine Deckung sein? Nein, ganz gewiss nicht, was er selbst zugibt, bekennt er doch, unstet hinter der Mauer umherzuirren. Was für ein Fliegenfänger! Liest man diesen poetischen Durchfall, versteht man die Antwort eines Mitspielers, der ungenannt bleiben möchte, auf die Frage nach seinem Lieblingsdichter: »Mir egal, Hauptsache hält dicht.«

Ganz gleich, ob Manndecker oder hängende Spitze, ob Staubsauger, Flügelzange oder Stoßstürmer, die Mannschaftskollegen waren sich einig: Unser letzter Mann tickt nicht richtig. Vor allem wusste man sich nicht zu erklären, warum Joel Bats dichtet. Geld verdienen, das hatte sich herumgesprochen, kann man damit nicht. Warum also vertut ein Vollprofi seine kostbare Freizeit, die er mit gut dotierten Autogrammstunden oder Werbefotos für Tütensuppen sinnvoll ausfüllen könnte, mit brotloser Kleinkunst?

Lange rätselte man in Mannschaftskreisen über das seltsame Hobby der Nummer Eins, bis Joel Bats selbst das Geheimnis lüftete: Mit Krebs, genauer mit Hodenkrebs habe alles angefangen. Bei dem Wort Hodenkrebs zog es den Kameraden die Arschbacken zusammen. Vor Jahren war Bats von dieser üblen Krankheit heimgesucht worden. Im Verlauf der Behandlungen hatte er das Verseschmieden als ein therapeutisches Mittel für sich entdeckt. Auch nach seiner Genesung behielt er das Dichten bei, weil er an die vorbeugende Kraft der Poesie zu glauben begonnen hatte.

Jetzt ging den Kollegen ein Licht auf. Wenn Gedichte gegen Krebs gut sind, warum nicht! Nehmen sie doch selber alles Mögliche gegen die vielen Wehwehchen und würden, wenn es denn Erfolg verspräche, sogar eigenhändig Gedichte schreiben. Allerdings erst ganz zuletzt. Wenn alle Quacksalber und Fittmacher null Wirkung gebracht hätten und nur der liebe Alte da oben noch helfen könnte.

So also ist das, sagte sich der junge Linksverteidiger Manuel Amoros, der bis dahin nur vom Hörensagen wusste, dass es so etwas wie Gedichte auf der Welt gibt. Als während eines Schaufensterbummels mit der Mannschaft sein Blick auf einen dickleibigen Gedichtband von Charles Baudelaire fiel, meinte er, mit aufrichtigem Bedauern in der Stimme, zu seinem Abwehrkollegen Battiston: »Mensch, Patrick, guck mal! Muss der viel Krebs gehabt haben!« Battiston, das Schumacher-Opfer von Sevilla 1982, soll über soviel geistiges Elend sogar seine vier Jacketkronen vergessen haben.

»Theater ist Theater und Fußball ist Fußball« (Otto Rehhagel)

Am Vorabend des alles entscheidenden Spiels führte Trainer Rehhagel seine einheitlich und tadellos gekleidete Mannschaft ins Theater der Freien Hansestadt, Bremens feinste Adresse. Mit bekannt markigen Worten hatte er seine Truppe zuvor über das richtige Benehmen im Schauspielhaus belehrt: »Erstens, Schnauze halten und nicht mit dem Platznachbarn quatschen; zweitens, Augen auf und möglichst lange auf Empfang bleiben; drittens, beim Eindösen weder röcheln noch schnarchen, am besten, jeder tut sich ein Nasenpflaster von Hansaplast drauf; viertens, die Helden auf der Bühne machen lassen.«

Wer die Akteure primitiv anbaggere (»Olivia, ausziehen!«) oder bei Missfallen lautstark ihre Auswechselung fordere (»Sebastian raus!«), der sei mit tausend Piepen für die Mannschaftskasse dabei. Selbstverständlich gehe das Geld an einen guten Zweck; diesmal sei es für die Gesellschaft zur Rettung schiffbrüchiger Juniorennationalspieler in Bremerhaven bestimmt. »Also benehmt euch gepäcklich!«, redete der Trainer seinen Männern ins Gewissen. »Wir sind nicht zum Vergnügen hier. Das hier ist Training. Auch ein Theaterbesuch dient zur Vorbereitung auf das nächste Spiel. Heutzutage werden die Spiele im Kopf entschieden, wie ihr alle wisst. Darum wollen wir heute Abend etwas für die Birne tun.«

Shakespeare stand auf dem Programm. »Was ihr wollt« wurde gegeben. Ein Zweieinhalbstundenschinken, so lang wie ein Spiel mit Verlängerung und Elfmeterschießen, aber ohne Pause. Dennoch verging die Zeit wie im Fluge. Die meisten Spieler merkten erst durch den dankbaren Beifall der Zuschauer, der sie aufweckte, dass die Aufführung zu Ende war. Während die übrigen Theaterbesucher rasch auseinander gingen, zog Trainer Rehhagel seine Mannschaft im »Thalia-Eck« zusammen, um bei Tafelwasser und Letthappen die fälligen Lehren aus dem Stück zu ziehen und für das morgige Spiel nutzbar zu machen. »Wisst ihr noch, wie das Stück hieß?«, begann er seine Nachbesprechung. Die Profis schauten sich achselzuckend an. Also konnte der Trainer seinen pädagogischen Neigungen freien Lauf lassen. »Nun, dann will ich es euch sagen«, gab sich Otto Rehhagel gönnerhaft. »Das Stück hieß ›Was ihr wollt‹ und stammt von einem englischen Hallodri namens Shakespeare. Schwerer Name, ich weiß, aber leicht zu merken: wie die Schecks, die ihr am Monatsende immer freudig kassiert, und das Bier, das ihr ständig trinkt, obwohl ich es euch verboten habe, Schecks-Bier. Wilhelm Schecks-Bier, um ganz genau zu sein. Ein Mann, der schon ewig tot ist, wie mir mein alter Freund Flimmi, der Boss vom Kulturverein, erzählt hat. So um die Zeit des Dritten Tores herum muss er wohl gelebt haben. Das ist lange her, und für euch ist das noch länger her. Was hat mir ein Mann zu sagen, werdet ihr euch jetzt fragen, der gelebt hat, als ich noch gar nicht auf der Welt war? Ich kann darauf nur antworten: Auch Jesus ist schon lange über den Jordan, aber die meisten von euch schwören noch heute auf den alten Zausel.«

Der Trainer machte eine Pause.

Die Spieler glaubten schon, jetzt sei Schluss mit dem Straftraining.

»Doch das ist noch nicht alles«, fing Rehhagel erneut an. »Theater ist Theater, sag ich immer, und Fußball ist Fußball. Morgen ist unser großes Spiel, bei dem es nicht allein um Sieg oder Niederlage geht. Morgen geht es um Leben oder Tod.« Zwischenruf von Eisen-Dieter: »Trainer, müssen wir morgen Abend wieder ins Theater?« – »Schnauze, Eisenfuß«, herrschte ihn der Coach an, »pass lieber auf, was ich dir jetzt zu sagen habe. Morgen heißt unsere Parole nicht ›Was ihr wollt‹ und deshalb ist es gut so, dass ihr den Titel schon wieder vergessen habt. Morgen geht es um mehr. Morgen müsst ihr zeigen, was ihr könnt! Wäre auch ein schöner Titel, nicht wahr, ›Was ihr könnt‹, aber der englische Hallodri« – Zwischenruf Eisen-Dieter: »Becksbier!« – »hat es leider anders gewollt. Doch damit haben wir noch nicht alle Schlüsse gezogen, die aus dem Stück rauszuholen sind. Die Kiste ist komplizierter als ihr denkt, darum spitzt eure Ohren, Männer, und behaltet gut in der Birne, was euch der Trainer jetzt sagt!« Die Spieler machten sich bereit für den Endspurt ihres Trainers und nahmen auf ihren Stühlen eine aufrechte Haltung ein. »Morgen«, polterte Otto Rehhagel los, »müsst ihr nicht nur zeigen, was ihr könnt, morgen müsst ihr auch zeigen, dass ihr wollt! Auf beides zusammen kommt es entscheidend an. Ihr müsst optimal wollen und optimal können, und zwar alle Mann und gleichzeitig! Darin liegt das ganze Geheimnis unseres Erfolgs. Wer das nicht auf die Reihe kriegt, der ist nicht würdig, die prachtvollen Farben unserer stolzen Hansestadt zu vertreten und sollte sich schleunigst bei Schneeweiß Bethlehem anmelden. – Noch Fragen?« Die Profis schauten verlegen in die Luft oder heimlich auf die Rolex. »Keine also«, freute sich Otto Rehhagel, »dann hat sich unser heutiger Theatertrip ja echt gelohnt!« Eisen-Dieter: »Aber hundertpro, Trainer!«

»Als junger Spieler konnte ich mich an die älteren Spieler anlehnen, an Uwe Seeler und Willi Schulz. Aber wenn du dich heute als junger Spieler anlehnen willst, fällst du um.« (Jupp Heynckes, Franz Beckenbauer u.a.)

Ihrer abenteuerlichen Aufgabe als Goldgräber und Entdecker angemessen, nennen sich die Talentsucher der großen Vereine gerne »Scouts«. Man stellt sich Männer im robusten Drillich vor. Ein unters energische Kinn geschobenes Haltegummi sichert ihre breitkrempigen Hüte. So stromern sie rastlos durch die ganze Welt, um den Umgang von Kindern mit Bällen zu studieren. Immer wieder stoßen sie in Togo oder Peru auf vielversprechende Rohdiamanten, die sie mit den schönsten Verheißungen ihren skeptischen Eltern ablotsen, um sie zum Feinschliff nach Deutschland zu bringen. Das sind meist unverdorbene Burschen, denen man vieles erklären muss, wenn sie in Frankfurt am Main gelandet sind, zum Beispiel, was eine Steckdose ist.

Immer wieder kommt es aber auch vor, dass die großen Bundesliga-Clubs ihre Talente in der Provinz finden, gleich um die Ecke, zum Beispiel am linken Niederrhein. Ganz ohne Scouts geht das ab. Ein Gebrauchtwagenhändler, der auf zwei Freikarten für das nächste Heimspiel hofft, ruft beim Manager an und empfiehlt seinen fußballvernarrten Nachbarjungen für ein Probetraining. Doch auch am linken Niederrhein gibt es einfache Burschen, in Quakendonk zum Beispiel, denen man vieles erklären muss. Nicht nur der kleine Indio-Junge aus Peru erlebt sein blaues Wunder, wenn er von heute auf morgen in die Glitzer-Welt des Profifußballs gerät. Als Hubert Meier, den sie nur »Hubsi« nannten, seinerzeit aus Kleinholland zum großen Traditionsclub am Rhein kam, stand gleich ein Spitzenspiel auf dem Programm. Hubsi bestieg zum erstenmal in seinem Leben ein Flugzeug. Mit einer Truppe aus lauter Hochkarätern reiste er zum Auswärtsspiel in die Bazi-Metropole. Dort sollte es gegen das »weiße Ballett« gehen, so nannte sich die Münchner Startruppe damals, denn sie wollte sein wie Real Madrid zur besten di-Stefano-Zeit. In dem Nobelschuppen von Hotel, wo man Quartier bezog, gab es gleich ein kleines, aber ernstes Problem. Der »Roomservice« hatte die Toilette mit Maiglöckchenduft aufgefrischt und zum

Zeichen erfolgreicher Reinigung den Klo-Deckel mit einer weißen Banderole aus Krepppapier versehen, auf der in der Mitte ein blutrotes Kreuz prangte. Hubsi sah das und dachte sich, das sieht nicht ungefährlich aus, also lass ich mal lieber die Finger davon!

Die Mannschaftskollegen Bimbo Heller und Ratzeputz Schmitz waren gerade in ihrer »Präsidentensuite« angekommen, wie sich das weitläufige Doppelzimmer nannte, wo der sprunggewaltige Bimbo als erstes den Matratzentest machte (deutscher Federkern oder ostasiatische Füllmasse?), während Ratzeputz am Fernseher kratzte, um den Bezahl-Kanal mit den nackten Weibern zu finden. Da klopfte es plötzlich an der Tür. Nachwuchsmann Hubsi war's. »Darf ich bei euch mal scheißen?«, fragte der Neue und trat von einem O-Bein aufs andere. Man sah, dass er kurz davor war, alle Hoffnung fahren zu lassen. »Warum bei uns?«, entgegnete Manndecker Heller in echter Verteidigermanier, »du hast doch dein eigenes Klo!« »Eigentlich schon«, antwortete Hubsi, »aber da ist heute nichts zu machen. Das Rote Kreuz hat es gesperrt!«

»Behind the play, so let me say, is always before the play«
(Lothar Matthäus)

Wir kennen Lothar Matthäus seit vielen Jahren als einen sprachlich unbekümmerten Burschen. In seinen Interviews beweist er die einmalige und ansonsten nur Feldlerchen vorbehaltene Kunstfertigkeit, selbst beim Atemholen noch Laute von sich geben zu können. Ohne Punkt und Komma fabuliert er drauflos, und da er Franke von Geburt ist, klingt sein Geschnatter stets wie Geknatter.

Seinem vierjährigen Aufenthalt bei Inter Mailand verdankt Matthäus passable und in deutschen Pizza-Kreisen sogar als perfekt gerühmte Italienisch-Kenntnisse. Auf seine alten Profitage begann er sich auch noch am Englischen zu vergreifen. Kurz vor der Jahrtausendwende begrüßte man ihn bei Cosmos New York als »Herbergers Enkel«. Der Spieler erwiderte den Willkommensgruß standesgemäß, indem er einen der fußballphilosophischen Kernsätze seines Großvaters erstmals der Neuen Welt zugänglich machte, und das sogar in Reimform: »Behind the play, so let me say, is always before the play.«

Doch nicht das Englische, nicht das Italienische sollen uns hier weiter beschäftigen. Wir möchten wissen: Wann entdeckte Lothar Matthäus seine Liebe zum deutschen Wort?

Wir schreiben das Frühjahr 1986. Der Ort heißt Malente, ein malerischer Flecken in der holsteinischen Schweiz.

Hier hat die deutsche Fußball-Nationalmannschaft ihr Trainingslager aufgeschlagen. Ein wichtiges Trainingslager, denn unsere Auswahlkicker bereiten sich auf die Weltmeisterschaft in Mexiko vor. Zu dieser Zeit also geschah es. In einer Ruhepause am frühen Dienstagnachmittag der 19. Kalenderwoche. Während seine Kollegen vor sich hindösten, Skat spielten oder Schach mit dem Computer, vertiefte sich der junge Mittelfeldmotor Matthäus mangels anderer Lektüre in das Etikett seiner Sprudelflasche. Es handelte sich um ein bekanntes Mineralwasser aus den Tiefen der Vulkaneifel. Plötzlich fuhr ein Ruck durch Matthäus. Ein Wort hatte ihn elektrisiert, ein Wort, das ihm spontan spanisch vorkam, weil er es nicht kannte. Schon damals hatte Matthäus ein gutes Auge für die Fehler anderer. Unverzüglich alarmierte der gelernte Raumausstatter seinen Spezi und Liegestuhlnachbarn Ändy Brehme, der erst seinen Walkman aus den Ohren stöpseln musste, um Lothars helle Aufregung zu verstehen. Auch Ändy Brehme kannte dieses merkwürdige Wort nicht, darum, befand auch er, müsse es ganz bestimmt ein Fehler sein. Jetzt waren beide so aufgeregt, wie es nur Erstteilnehmer von »Jugend forscht« sind: Sie hatten ein Wort entdeckt, das es eigentlich gar nicht gab, das aber hunderttausendfach verbreitet war, stand es doch auch auf den Sprudelflaschen ihrer Kameraden. »Außerdem«, gab Matthäus zu bedenken, »ist das Wort, das es gar nicht gibt, auch noch falsch geschrieben.« Denn am Ende müsse doch mindestens ein »d« stehen. Da war Ändy anderer Meinung. Er hielt den vor- und drittletzten Buchstaben für zuviel, denn man habe ja zweifellos ein aufgetautes, also eisfreies Gesöff vor sich. Wie auch immer es sein mochte: Mit der Ruhepause war es nun endgültig vorbei. Einer der Trainer musste sofort her, um alle Ungereimtheiten, die das Wort aufwarf, aus der Welt zu räumen.

Es handelte sich um das Wort »enteisent«

Während Kaiser Franz, der Teamchef, sich strikt weigerte, auf philologische Fragen Auskunft zu geben und in jedem Versuch dieser Art eine Majestätsbeleidigung sah, die er mit verschärftem Straftraining in der Muckibude beantwortete, befand sich Assistenztrainer Horst Köppel, der im »kicker«-Fragebogen die Rubrik »Erlernter Beruf« mit »Abiturient« ausgefüllt hatte, beim Krisengespräch mit dem zweiten Torwart weit draußen im Gelände. Musste also der Dritte im Trainergespann her, Berti Vogts. Man fand ihn in der Besenkammer, wo er zwischen den akkurat aufgestellten Gerätschaften nicht leicht auszumachen war. Insgeheim hatten unsere beiden Sprachforscher wenig Hoffnung, dass Berti ihnen behilflich sein könnte. Um so überraschter waren sie, als der dritte Mann zu einer gediegenen kleinen Vorlesung anhob. Jetzt zahlte sich aus, dass er jahrelang gewissenhafter Gasthörer in der Außenstelle Kleinenbroich der Volkshochschule Korschenbroich gewesen war. Ein Stoff, so dozierte der vormalige Terrier, dem man den Kalk entzogen habe, heiße »entkalkt«; entsprechend müsse ein Mineralwasser, dem das Eisen entzogen sei, »enteisent« heißen, und zwar mit »t« am Ende. »Somit ist alles im grammatikalisch grünen Bereich, meine Herrn!"«

Die beiden Mexikofahrer kamen aus dem Staunen nicht heraus, so beeindruckt waren sie von der Allgemeinbildung und Überzeugungsgabe ihres kleinen Hilfstrainers. Und Ändy sagte zu seinem Spezi Lothar noch: »Dass so einer seine Ruhepausen in der Besenkammer verbringen muss!«